もくじ

教育出版版　国語3

テストの範囲や学習予定日をかこう！

学習計画	
出題範囲	学習予定日
5/14 テストの日	5/10
	5/11

春に

教科書 p.14〜p.15

主題

◆春の大きなエネルギーがさまざまな感情を揺さぶり、未来への思いとなってあふれようとしている。新たな道へと歩み出そうとする青春の思いをうたった詩。

5分間攻略ブック p.2

テストに出る!

ココが要点

詩の形式

● 現代の言葉で書かれ、音数やリズムにきまりがない→口語自由詩

表現技法

● 繰り返し…「この気もちはなんだろう」という表現。

● 対句法…「よろこびだ　しかしかなしみでもある」

「いらだちだ　しかもやすらぎがある」

「あこがれだ　そしていかりがかくれている」

テストに出る!

予想問題

次の詩を読んで、問題に答えなさい。

解答 p.1

30分

100点

①春に　　谷川《たにかわ》 俊太郎《しゅんたろう》

この気もちはなんだろう
目に見えないエネルギーの流れが
大地からあしのうらを伝わって
ぼくの腹へ胸へそうしてのどへ
②声にならないさけびとなってこみあげる
この気もちはなんだろう
枝の先のふくらんだ新芽が心をつつく

3 ——線②「声にならないさけびとなって」とありますが、何が「さけび」となるのですか。詩の中から十四字で抜き出しなさい。〔10点〕

4 ——線③「よろこびだ……そしていかりがかくれている」について答えなさい。

(1) よく出る ここで用いられている表現技法を次から一つ選び、記号で答えなさい。〔10点〕

ア 倒置法　**イ** 体言止め
ウ 擬人法　**エ** 対句法

(2) これはどのような気持ちを表していますか。次から一つ選び、記号で答えなさい。〔10点〕

ア さまざまな感情が入り混じった複雑な気持ち。
イ いかりやいらだちを隠しきれない暗い気持ち。
ウ 他人の感情に影響されて迷う気持ち。
エ 感情を無理やり押し込めてつらい気持ち。

5 よく出る ——線④「心のダムにせきとめられ」に用いられている表現技法を次から一つ選び、記号で答えなさい。〔10点〕

ア 直喩　**イ** 隠喩
ウ 擬人法　**エ** 体言止め

漢字を読もう!　①黙る　②渦まく　③呼ぶ

←答えは左ページ

③よろこびだ　しかしかなしみでもある
いらだちだ　しかもやすらぎがある
④あこがれだ　そしていかりがかくれている
心のダムにせきとめられ
よどみ渦まきせめぎあい
いまあふれようとする
この気もちはなんだろう
あの空のあの青に手をひたしたい
まだ会ったことのないすべての人と
会ってみたい話してみたい
⑤あしたとあさってが一度にくるといい
ぼくはもどかしい
⑥地平線のかなたへと歩きつづけたい
そのくせこの草の上でじっとしていたい
大声でだれかを呼びたい
そのくせひとりで黙っていたい
この気もちはなんだろう

1 よく出る　この詩の形式を、漢字五字で書きなさい。〔10点〕

2 ——線①「春に」とありますが、春の季節がわかる言葉を、詩の中から十一字で抜き出しなさい。〔10点〕

6 ——線⑤「あしたとあさってが一度にくるといい」という気持ちを表す言葉を、詩の中から五字で抜き出しなさい。〔10点〕

7 ——線⑥「地平線のかなたへと……じっとしていたい」について答えなさい。

(1) これと同様の気持ちを表している表現を詩の中から抜き出し、初めと終わりの五字を書きなさい。〔10点〕

～

(2) やや難　この部分にはどのような気持ちが表されていますか。「……気持ちと……気持ち。」という形で書きなさい。〔10点〕

8 この詩では「この気もちはなんだろう」という言葉が繰り返されています。この表現にはどのような効果がありますか。あてはまらないものを次から一つ選び、記号で答えなさい。〔10点〕

ア 同じ言葉を繰り返すことで、詩全体を貫《つらぬ》くリズムを生んでいる。
イ 同じ言葉を繰り返すことで、淡々とした印象をもたらしている。
ウ 「ぼく」の気持ちがしだいに高まる様子を表している。
エ 「ぼく」の葛藤する気持ちを印象づけている。

漢字で書こう!　①だま(る)　②うず(まく)　③よ(ぶ)
答えは右ページ➡

立ってくる春

教科書 p.18～p.21

テストに出る!

ココが要点

「立春」という言葉との出会い（教 p.19～p.21）➤**予想問題**

●「今日から春だ」と言われる。
→春とは思えず納得できない。

●「立つ春」のかたちを決める。
→「立春」を実感し満足する。

主題

◇「立春」という言葉と出会った「私」は、「立ってくる春」のかたちを決めることによって、まだ寒い時期に訪れる「立春」を実感できるようになった。

5分間攻略ブック p.2

テストに出る!

予想問題

解答 p.1

30分　/100点

次の文章を読んで、問題に答えなさい。

「今日から春ですよ。」もう一度、祖母が言った。

「でもまだ冬なのに。」私は①口をとがらして答えた。霜柱はつんつん立っていたし、その朝も水道管が凍った。あおあおとしているのはつわぶきの葉とアオキばかりで、楓《かえで》も欅《けやき》も桜も柿もすっかり葉を落としてしんとしていた。②寒暖計の赤は下の方にわだかまり、ぜんぜん上がってこない。

「でも、暦の上では、ほら。立春ですよ。」

③「りっしゅん。」

「春が立つ、春になるっていうことですよ。」

祖母の部屋には日めくりの暦が下げてあった。暦には、二月四日、木曜、立春、の字が並んでいた。

「春って、立つの。」

「立ちますよ。」そう言って、祖母は真面目に頷《うなず》いた。以来私は、

1 ——線①「口をとがらして」とありますが、「私」がこのような顔をしたのはなぜですか。□にあてはまる言葉を、文章中から抜き出しなさい。〔10点〕

どこにも□の気配が感じられず、納得できなかったから。

2 ——線②「寒暖計の……上がってこない。」とありますが、これはどのようなことを表していますか。簡潔に書きなさい。〔15点〕

3 よく出る ——線③「りっしゅん。」は平仮名で書かれていますが、これによって、どのようなことが表現されていますか。次から一つ選び、記号で答えなさい。〔15点〕

ア「私」が、小さな声で「立春」とつぶやいたこと。
イ「私」が、春になる「立春」を心待ちにしていたこと。
ウ「私」が、祖母の「立春」という発言に反発したこと。
エ「私」が、「立春」という言葉を知らなかったこと。

4 ——線④「目に見えなくては」の後には、どのような言葉が省略されていますか。考えて書きなさい。〔15点〕

漢字を読もう!　①妖怪　②暦　③縫う
←答えは左ページ

春は立つものだと思うようになったのである。学校へのみちみち、考えた。

立つ春とは、どんなものなのだろう。

人間のかたちをしたものでは、なかろう。空気のようなものか。でも空気は目に見えない。「立つ」と感じるからには、④目に見えなくては。本の中にある竜や鬼や妖怪に似た、この世のものではない生き物のかたちをしたものか。それも違う、⑤春はもっと柔らかでのほほんとしているから、火を吐いたり金棒をふるったりするものたちの類いではあるまい。春とは、こまかな生気あるものに満ちた、盛り上がるようなものだ。それならば。

歩きながら、晴れた冷たい空気の中に見える遠い富士《ふじ》を眺めつつ、⑥私は「立ってくる春」のかたちを、決めた。

立ってくる春とは、さまざまな小さい生き物でみっしり埋めつくされた一枚の絵のようなものにちがいない。その春が、地平線の向こうにゆっくり上がってくる。最初のころは端っこだけしか地平線近くに見えていないが、太陽がのぼるように、日々次第《しだい》に高くのぼってゆく。そして四月ともなれば、すっかり全天を覆うようになるのである。

これだけのことを決め、ようやく私は満足した。よしよし。謎は解けた。なるほど春は立つものであろう。まだあんまり見えないけれど、たしかに、今日、ずっと向こうのあの山のあたりに、春が立った。うんうん。

〔川上《かわかみ》弘美《ひろみ》「立ってくる春」による〕

5 よく出る ——線⑤「春はもっと柔らかでのほほんとしている」とありますが、これと同様に「私」が春に抱くイメージを表している部分を、文章中から一文で抜き出し、初めの五字を書きなさい。〔15点〕

□□□□□

6 ——線⑥「私は『立ってくる春』のかたちを、決めた」について答えなさい。

(1) 春はどのように立ってくると決めたのですか。□にあてはまる言葉を、文章中から抜き出しなさい。〔10点〕

さまざまな小さい生き物で埋めつくされた□□□のような春が、地平線の向こうからゆっくり立ってくる。

(2) やや難 「立ってくる春」のかたちを決めた「私」は、どのような気持ちになりましたか。次から一つ選び、記号で答えなさい。〔20点〕

ア 寒い冬が終わってようやく春になったことに満足し、季節が巡《めぐ》る不思議を心に留めた。

イ たしかに春は立ち上がってくるものだと思えて満足し、春の訪れをようやく感じられた。

ウ 春のきざしを実際に目で確認して満足し、ようやく祖母の言葉を信じることができた。

エ 春はどこに立つのかという謎がようやく解けて満足し、もやが晴れたような気分になった。

□

漢字で書こう！ ①ようかい ②こよみ ③ぬ(う)
答えは右ページ➡

なぜ物語が必要なのか

主題

◆物語は作家だけが書いているのではない。切実な思いで書かれた物語にふれれば、どんなに立場が異なっていても、他者の心に深く寄り添える。

5分間攻略ブック p.2

テストに出る！ **ココが要点**

なぜ物語が必要なのか（教 p.25～p.27）▶予想問題

●物語には時空を超え、人の心をつなぐ役割がある。
●物語は人間にとって必要→人間の魂を解放することができる。
→他者の物語にふれれば、立場が異なっていても、その人の心に深く寄り添える。

テストに出る！ **予想問題**

解答 p.2　30分　100点

次の文章を読んで、問題に答えなさい。

私は彼女がキティーに語りかけたのを真似《まね》し、①アンネに向かって悩《なや》みを打ち明けるように、②友達関係の難しさや両親とのいざこざを、大学ノートに書きはじめました。時代も立場も飛び越えて、同世代の悩みを共有している気分でした。彼女との間に交わした空想の友情が、どれほど私の救いになってくれたか知れません。当時、私にとっての親友は、自分なりにこしらえた物語の世界に住む、決して会うことのできない少女だったのです。

十三歳から十五歳まで、隠れ家生活にあっても、アンネ＝フランクの心は成長してゆきました。ただ反抗心をむき出しにするばかりでなく、こうありたいと願う自分の、本来の姿を静かに模索するようになっていました。たとえ肉体は狭い場所に閉じ込められていようとも、心はどこまでも豊かに深まってゆくのです。そ

1 よく出る ——線①「アンネ」を別の言い方で表している言葉を、文章中から十四字で抜き出しなさい。〔10点〕

2 ——線②「友達関係の難しさや両親とのいざこざを、大学ノートに書きはじめました」とありますが、書くことが筆者にとって何になってくれましたか。文章中から一語で抜き出しなさい。〔10点〕

3 ——線③「アンネの日記は証明しています」とありますが、日記が証明していた事実とは何ですか。□にあてはまる言葉を、文章中から抜き出しなさい。10点×2〔20点〕

肉体がⓐ□に閉じ込められても、心は豊かにⓑ□ものなのだということ。

4 ——線④「空想の友人」とは、誰のことですか。文章中から四字で抜き出しなさい。〔10点〕

漢字を読もう！　①獲得　②魂　③犠牲
←答えは左ページ

の事実を、③アンネの日記は証明しています。

一九四四年八月四日、何者かの密告により、隠れ家の人々は連行されます。一九四五年、アンネはドイツの強制収容所ベルゲン＝ベルゼンで、チフスのため命を落としました。家族の中で生き残ったのは、父のオットー一人きりでした。アンネの日記は一九四四年八月一日、火曜日が最後です。いつものとおり、親愛なるキティーへ、で始まり、じゃあまた、アンネ＝M＝フランクより、で終わっています。

樹木の声を聴《き》いた洋二郎《ようじろう》さん、④空想の友人と会話したアンネ。二人とも自分だけの物語を作った、という意味で共通しているように思えます。論理的ではない、理性では説明できない世界が、彼らの⑤安全地帯になっています。更《さら》に不思議なのは、最初は彼らだけの物語だったものが、時を経て、無関係なはずの私にも深い感動をもたらしている、ということです。⑥物語には時空を超え、人の心をつなぐ役割があるのでしょう。だからこそ、個人の物語は文学へと生まれ変われるのです。

⑦物語は作家だけが書いているのではありません。本当に大切な真実は、混沌《こんとん》とした内面の暗闇に沈んでいます。その目に見えない何かに光を当てる一つの方法が、物語に身を置くことなのだと思います。底知れない自由と許しを持つ物語という器を持ってさえいれば、人間は魂を解放することができます。他者の物語にふれれば、どんなに立場が異なっていても、その人の心に深く寄り添えます。

人間は誰しも、自分の物語を作りながら生きています。そうでなければ、生きてゆけないのです。〔小川《おがわ》洋子《ようこ》「なぜ物語が必要なのか」による〕

5 よく出る ——線⑤「安全地帯」とは、どういうことですか。次から一つ選び、記号で答えなさい。〔10点〕

ア 物語を書いて訴《うった》えることで、苦しい現実を数多くの人々に知ってもらえるということ。

イ 物語を書いて気を紛らわせることで、苦しい現実を忘れられるということ。

ウ 物語を書いてそこに身を置くことで、苦しい現実の中でも魂を解放させることができるということ。

エ 物語を書いてその才能を人々に示すことで、苦しい現実を生きられるということ。

6 ——線⑥「物語には時空を超え、人の心をつなぐ役割があるのでしょう。」とありますが、これは筆者のどのような実感から述べているのですか。それがわかる一文を文章中から抜き出し、初めの五字を書きなさい。〔10点〕

7 やや難 ——線⑦「物語」は人間にとってなぜ必要といえるのですか。同じ段落の言葉を使って理由を二つ書きなさい。15点×2〔30点〕

漢字で書こう！ ①かくとく ②たましい ③ぎせい
答えは右ページ➡

教科書 p.32～p.44

私《わたし》

主題

データの二重登録による二つの出来事を通して、現代社会における「情報データ」と「個人」の問題を問う。

5分間攻略ブック p.2

テストに出る！

ココが要点

消された住民情報データ（教 p.36～p.37）➤例題

- 「女性」は、消されたデータこそが自分のデータだと訴《うった》える。
- 「女性」にとって、自分のデータは自分の存在を支えるもの。
- 「私《わたし》」は、どちらのデータも全く同じデータだと考える。
- 「私」の市民対応……「模範的な市民対応」。

二重になった「私」（教 p.40～p.42）➤予想問題

- 「司書」は、「私」自身が二重になっている、と説明する。
- 「私」は、もう一人の「私」も同じ「私」だと考える。
- 「司書」の市民対応……模範的とはほど遠い対応。
- 「私」は、どちらの「私」が削除されても問題ないと感じる。

例題　消されたデータ

私《わたし》は電話を切って、カウンターに戻り、心配顔で待っていた女性に、事情を説明した。

「というわけで、情報が二重登録されていたので、一方のデータを消したという実績はあります。ですが、データ自体は……。」

「つまり、①二つあった私のデータの、一つを消したということですね。」

彼女は、私の言葉を遮るように勢い込んで尋ねた。

「……ええ、そうなります。」

「②消されたのは、私のデータなのです。」

まるで、存在自体が消されてしまったかのように、彼女は心細げであった。私は彼女の心に寄り添う姿勢を見せるべく、大きくうなずいた。

1 「女性」のデータが――線①のような状態になっていたのはなぜですか。

間違って［　　　　］されてしまったから。

2 ――線②のとき、「女性」はどのような気持ちでしたか。

ア　自分が消えてしまったようで不安だ。
イ　自分を消してしまいたいほど悲しい。
ウ　自分が消されてしまうなんて不愉快だ。
（　　）

答えと解説

1 二重登録

直前の「私」の説明に注目。「私」は、「女性」のデータが**二重に登録されていた**と事情を説明している。

2 ア

「女性」は、自分のデータを失うことを、**自分の存在自体を失う**ことのように感じている。**データと個人との密接な結びつき**を思わせる。

漢字を読もう！　①特殊　②変更　③一致
←答えは左ページ

「確かに、あなたの情報は消去されました。ですがそれは、二つ存在した全く同じ情報のうちの一つなのです。どちらが消されても、③**残った情報はあなた自身のものですよ。**」

身ぶりを交え、親身になっていることを強調した私の説明に、彼女は悲しそうに首を振るばかりだ。

「経験していない人には、わからないでしょうね。」

督促状に印字された名前に、彼女は敵意のこもった視線を落とす。危険な兆候だ。その「敵意」が、こちらに向けられないよう、対応は更《さら》に慎重を期さねばならない。

「字面《じづら》が一緒というだけで、ここに記されているのは、『私』の名前ではないんです……。」

「わかりました。それでは、どういった解決策が取れるかを、一緒に考えてみましょう。」

歩み寄りの姿勢を見せることで、相手に、問題をともに解決する「味方」として認識させることが肝要だ。

だが、彼女は私の言葉など聞こえなかったかのように、④**自ら「解決策」を口にした。**

「その、消してしまったデータというのが、本当の私の名前なんです。お願いします。消去したデータのほうを復元してもらえますか。」

〔三崎《みさき》亜記《あき》「私」による〕

---

3 よく出る 「女性」は――線③の「私」の考えに対して、どのように考えていますか。

残った情報は、（　　　）。

4 「女性」は、残った情報に対してどのような気持ちを抱いていますか。二字で抜き出しなさい。

［　　］

5 ――線④とありますが、「女性」はどのようなことを要求しましたか。

消されたデータを［　　］すること。

6 よく出る 「私」は、どのような思いで「女性」に対応していますか。二つ選びなさい。

ア 「女性」の心に深く寄り添いたい。
イ 「女性」を怒らせるのは避けたい。
ウ 「女性」に味方だと思わせよう。
エ 「女性」とともに問題を解決しよう。

（　）（　）

---

3 例 自分のものではない

「私」は、両方とも「女性」のデータだと捉えているが、「女性」は、**「消された」データのほうが本当の自分のデータ**だと考えている。

4 敵意

残った情報は自分にとって偽物《にせもの》のデータであり、**存在を脅《おびや》かすもの**だと「女性」は考えている。

5 復元

「女性」にとっては**「本当の私」のデータを取り戻すことが不可欠**なのである。幸い履歴は残っており、このあと「女性」は「本当の私の名前」を手にすることができた。

6 イ・ウ

「私」の市民対応は、根本的な問題解決を目指すわけではないが、相手に理解を示したうえで対処法を考える、市民対応として**模範的な対応**である。

漢字で書こう！ ①とくしゅ　②へんこう　③いっち

答えは右ページ➡

テストに出る！

予想問題

解答 p.2

30分

100点

次の文章を読んで、問題に答えなさい。

窓口の女性司書は、端末画面の貸出履歴を一瞥《いちべつ》し、私の置いた五冊の本を確認すると、バーコードを読み取ろうとする手を止めた。

「既に六冊借りられていますので、本日は四冊までしか貸し出すことはできません。」

「一週間前に、三冊しか借りていないはずですが。」

借りた冊数に間違いはない。貸出カードは常に財布《さいふ》に入れて持ち歩いているので、親族の誰かが利用して借りることもありえない。

「それでは、①二重になっているようですね。」

司書の女性は、間髪《かんはつ》を容《い》れずに答える。それで私も、ようやく納得できた。

「ああ、貸出データが二重になっているんですね。それでは、そのデータを正して、貸出ができるようにしてもらえますか。」

無感動な表情が私に向けられる。

「いえ、二重になっているのは、データではなく、あなた自身です。」

「どういうことですか？」

「貸出データによると、あなたは一週間前に三冊借りて、一昨日も三冊借りられています。一昨日に借りられた記憶がないということでしたら、あなた自身が二重になって借りられたものと思われます。」

ターに戻ってきた。

「確認が取れました。正常な状態に戻すということです。五分ほどで⑥二重状態が解消されるそうですから、もう少々お待ちいただけますか。」

「わかりました。」

適切な対応が取られたことに満足し、私はカウンターを離れた。すぐにしかるべき部署が、どちらかを、「削除」するだろう。どちらが消えようが、同じ「私」なのだ。何の問題もない。

〔三崎《みさき》亜記《あき》「私」による〕

1 よく出る

(1) 「私」は、——線①「二重になっている」について答えなさい。

「私」は、何が「二重になっている」と思いましたか。〔10点〕

(2) 「司書」は、何が「二重になっている」と言っているのですか。〔10点〕

(3) 「司書」は、どのような考えをもっているのですか。次から一つ選び、記号で答えなさい。〔10点〕

ア 「私」をからかってやろうという考え。

イ 「私」の側に問題があるという考え。

ウ 「私」に厳しく注意してやろうという考え。

エ 「私」を安心させてやりたいという考え。

漢字を読もう！ ①尋ねる ②督促状 ③お辞儀

←答えは左ページ

れます。」

よくあることだとばかりに、②彼女の説明はよどみなかった。

「なるほど……。」

③私はようやく合点《がてん》がいった。入力ミスで個人情報データが二重になることがあるのだ。逆に、「私」の存在そのものが二重になることもあるだろう。もう一人の「私」が、一昨日図書館で三冊の本を借りたにちがいない。

「一昨日、本を借りられたのも、今日借りられるのも、同じあなたですから、十冊という制限を超えて貸し出すことはできませんよ。」

まるで私が無理な要求をしているとでもいうように、彼女は④すげなかった。立場こそ違え、彼女も「市民サービス」の向上を目ざすべき立場のはずだ。「模範とされる市民対応」からはほど遠いと言わざるをえない。

「納得できません。同じ『私』とはいえ、私自身は与《あずか》り知らぬかたちで貸出が行われたのですから、⑤私にはこの五冊を借りる権利があるはずです。」

はっきり言って、そこまで本を借りることに執着《しゅうちゃく》しているわけではない。だが私は、自分が「無理難題タイプ」でも、「論理矛盾タイプ」でもなく、「正当な主張」をする利用者であることを彼女に理解させるために、貸出を強要した。

「わかりました。それでは少々お待ちいただけますか。」

彼女はそう言って、いったん奥の事務所に入った。担当部署に電話をかけているようだ。

しばらくして、彼女は相変わらず無感動な表情のまま、カウン

---

2 ――線②「彼女の説明」を聞いて、「私」は、一昨日の貸出データが登録されているのはなぜだと理解しましたか。書きなさい。〔15点〕

3 ――線③「私はようやく合点がいった。」とありますが、「私」は何が二重になることに合点がいったのですか。〔10点〕

4 ――線④「すげなかった」と同様に、「司書」の市民対応ぶりを最もよく象徴している言葉を文章中から六字で抜き出しなさい。〔15点〕

5 ――線⑤「私にはこの五冊を借りる権利があるはずです」とありますが、「私」はどのような気持ちから、「司書」に貸出をせまったのですか。次から一つ選び、記号で答えなさい。〔15点〕

ア 一度言い出したことはあとへ引けないという気持ち。

イ どうしても五冊すべてを借りて読みたいという気持ち。

ウ 同じ自分が二人もいるなど信じ難《がた》いという気持ち。

エ きちんとした「市民サービス」をさせたいという気持ち。

6 〈やや難〉 ――線⑥「二重状態が解消される」ことを、「私」が平然と受け入れているのはなぜですか。書きなさい。〔15点〕

漢字で書こう！ ①たず(ねる)　②とくそくじょう　③(お)じぎ
答えは右ページ➡

薔薇《ばら》のボタン

テストに出る！

ココが要点

石内《いしうち》氏の写真（教 p.48〜p.50）➤予想問題

●写真を見ての二つの驚き
・被爆者の遺品の服の美しさ。
・写真そのものの美しさ。

●石内氏の写真…「美しく撮る」という明確な意志
↓今までの、戦争の遺品の見方に気づかされる。
↓死の瞬間まで丁寧に営まれていた日常を実感する。

主題

◆筆者が出会った被爆者の服の写真は、それまでの資料写真とは異なり、美しく撮られていた。そこから戦争の時代に生きた女性たちに共感することができた。

5分間攻略ブック p.4

テストに出る！

予想問題

解答 p.3　40分　100点

教科書の次の部分を読んで、問題に答えなさい。

教科書 **48ページ下7行**（石内《いしうち》氏の写真との最初の出会いは、……）
〜
教科書 **50ページ下10行**（……実感をもって伝わってきたのである。）

1 教 48ページ下8行「『ひろしま』という写真集」に多く収録されている遺品は何の写真ですか。〔8点〕

5 教 50ページ上10行「石内氏の写真からは『美しく撮る』という明確な意志が感じられた」について答えなさい。

(1) 筆者は「石内氏の写真」の美しさに対してどのように思いましたか。文章中から五字で抜き出しなさい。〔8点〕

(2) 石内氏が被爆者の遺品を美しく撮ろうとしたのはなぜですか。次から一つ選び、記号で答えなさい。〔8点〕

ア 美しくはっきりと撮影すれば、これまでの技術では撮りきれなかった細かい点まで明らかになり、資料として役立つから。

イ カラーでそれらの服本来の美しさを写し出すことで、実際に女性たちが着ていたときのきれいさを表現したかったから。

ウ カラーの美しい写真はモノクロよりも鮮明に原爆の悲惨さが伝わるので、当時の広島に対する理解が深まると思ったから。

エ 当時の女性たちの衣服が、現代の私たちのものとそれほど変わらないということを比較して伝えたかったから。

(3) よく出る 石内氏の発言から筆者が気づかされたことはどのようなことですか。そのことがわかる部分を文章中から抜き出し、初めと終わりの五字を書きなさい。〔10点〕

漢字を読もう！　①壁　②涙　③塊
←答えは左ページ

2 よく出る 教48ページ下9行「驚いた」とありますが、筆者はどのようなことに驚いたのですか。文章中の言葉を使って書きなさい。〔10点〕

3 教48ページ下10行〜50ページ上1行「花柄のスカート……水玉のブラウス……。」とありますが、それらに対して筆者はどのような考えを抱いていますか。次の文の□にあてはまる言葉を、文章中から抜き出しなさい。6点×2〔12点〕

ⓐ（　　）がついてはいるが、それでもⓑ（　　）は損なわれていない。

4 よく出る 教50ページ上6行「もう一つの驚き」について答えなさい。

(1) 筆者の「もう一つの驚き」とはどのようなことですか。〔10点〕

(2) 広島の遺品を撮った写真について、筆者は今までどのようなものだと思っていましたか。「……の写真」につながるように、文章中から抜き出しなさい。〔8点〕

（　　）の写真。

6 やや難 教50ページ下5行「残酷な歴史を物語る陰影」は、何によって強調されていますか。次から一つ選び、記号で答えなさい。〔8点〕

ア 美しくておしゃれな服。
イ 当時の広島の女性たち。
ウ モノクロで写された写真。
エ カラーで写された写真。

7 教50ページ下7行「歴史の闇の中から立ち上がってくる」について答えなさい。

(1) どのような意味ですか。次から一つ選び、記号で答えなさい。〔8点〕

ア 今まで当たり前と思っていたことがそうでなくなる。
イ 今まで歴史の陰で見過ごされていたものが見えてくる。
ウ 今まで残されなかったものが残されるようになる。
エ 今まで価値のなかったものが価値のあるものとなる。

(2) 「歴史の闇の中から立ち上がってくる」ものから、筆者は何を感じ取りましたか。「悲惨な死だけでなく、彼女たちが」に続くように書きなさい。〔10点〕

悲惨な死だけでなく、彼女たちが（　　）。

漢字で書こう！ ①かべ ②なみだ ③かたまり
答えは右ページ➡

教科書 p.60〜p.63／p.68〜p.69

メディア・リテラシーはなぜ必要か？

漢字の広場1　呉音・漢音・唐音

要旨

◇情報とは常に、それを伝える人の視点なのだということをしっかりと意識に刻み、メディア・リテラシーを身につけることが大切である。

5分間攻略ブック p.4

テストに出る！　**ココが要点**

メディア・リテラシーの必要性（教 p.62〜p.63）▶予想問題

●誰もが理解できるメディアの誕生

↓**ファシズム**の台頭。

この時代、**メディア・リテラシー**を身につけた人はごく少数。

↓情報をなんの疑いもなく**信じこむ**。

↓戦争が続く。

テストに出る！　**予想問題**

解答 p.3　30分　100点

1 次の文章を読んで、問題に答えなさい。

僕たちは今、①テレビやラジオ、新聞、インターネットなどさまざまなメディアをとおして情報を受け取っている。二十世紀初頭、映像メディア（映画）と通信メディア（ラジオ）が誕生した。それまでは新聞や書籍など文字メディアだけだった。②文字メディアを理解するためには、教育を受けることが前提だ。つまり識字能力。ところが二十世紀以前の世界は、教育を万人の権利と見なしていない。多くの人は文字を読んだり書いたりすることができなかった。だから教育を受けていなくても理解することができる映画とラジオは、世界中の人たちに熱狂《ねっきょう》的に迎えられた。こうしてマスメディアが誕生する。それによって、自分たちの生活はより

(1) それはなぜですか。□にあてはまる言葉を、それぞれ文章中から抜き出しなさい。　4点×2〔8点〕

ⓐ□□□□がないと、ⓑ□□が読めないから。

(2) 「教育を受けること」について、二十世紀以前の世界ではどのような状況だったのですか。　〔10点〕

3 よく出る　——線③「そう考えた人は……逆に動いた。」について答えなさい。

(1) 「そう考えた」とありますが、どのように考えたのですか。二つに分けて書きなさい。　5点×2〔10点〕

(2) 「現実は逆に動いた」とありますが、このとき現れたものは何ですか。文章中から五字で抜き出しなさい。　〔10点〕

4 よく出る　——線④「誰もが理解できるメディア」とは具体的に何を指しますか。二つ書きなさい。　4点×2〔8点〕

漢字を読もう！　←答えは左ページ　①煩雑　②平癒　③奨学金

豊かになり、格差や戦争もいつかはなくなる。③そう考えた人は多かった。ところが現実は逆に動いた。

　映画とラジオに人々が熱狂した一九二〇年代から三〇年代、ファシズム（全体主義）という政治形態が雨後の筍《たけのこ》のように世界に現れた。ナチスドイツ、そのドイツと同盟を結んだイタリアと日本、他にはスペインなどもファシズムに傾いた国だった。ファシズムを実現するためには、メディアを使ったプロパガンダが不可欠だ。④誰もが理解できるメディアが誕生したことで、⑤それが可能になってしまった。

　⑥もしもこの時多くの人が、ライオンから見た視点とインパラから見た視点では世界は全く違うことを理解していれば、ファシズムは誕生しなかっただろう。でもこの時代、メディア・リテラシーを身につけた人などほぼいない。A国は野蛮な国で危険極まりないと情報を与えられれば、ならば攻撃される前に攻撃しなくては、と思いこむ。我が国の指導者は人格者でその指示に従えば国は栄えるのだと言われれば、なんの疑いもなく信じこむ。こうして戦争が続く。

〔森《もり》 達也《たつや》「メディア・リテラシーはなぜ必要か？」による〕

1 ——線①「ラジオ、新聞、インターネット」を誕生した順に並べなさい。 完答〔10点〕

（　　）→（　　）→（　　）

2 ——線②「文字メディアを理解するためには、教育を受けることが前提だ」について答えなさい。

5 ——線⑤「それ」とは何を指しますか。文章中の言葉を使って書きなさい。〔10点〕

6 やや難 ——線⑥「もしもこの時……だろう。」とありますが、筆者がここで言いたいことは何ですか。次から一つ選び、記号で答えなさい。〔10点〕

ア　もしもこの時多くの人が映画とラジオに熱狂しなければ、戦争にはならなかっただろう。

イ　もしもこの時多くの人が格差で苦しむことがなければ、マスメディアは発展しなかっただろう。

ウ　もしもこの時多くの人がメディア・リテラシーを理解していれば、国の指導者に抵抗していただろう。

エ　もしもこの時多くの人がメディア・リテラシーを身につけていれば、正しい情報を選ぶことができただろう。

2 次の熟語について、——の読み仮名を書きなさい。 4点×6〔24点〕

①静脈　②冷静

③正式　④正直

⑤環境　⑥境内

①	③	⑤
②	④	⑥

漢字で書こう！　①はんざつ　②へいゆ　③しょうがくきん

答えは右ページ➡

教科書 p.70／p.282〜p.286

文法の小窓１　助詞のはたらき

確認
◆助詞は、どのような語句につくか、どのような文の成分をつくるか、どのようなはたらきをもつかで、格助詞・接続助詞・副助詞・終助詞の四種類に分けられる。

5分間攻略ブック p.19

テストに出る！ ココが要点

●助詞のはたらき
・語句と語句との**関係**を示す。
・さまざまな**意味**をつけ加える。
・話し手（書き手）の**気持ち**を示す。

●助詞の分類
格助詞・接続助詞・副助詞・終助詞の四つ
・格助詞　主に**体言**につく。**主語**や**連体修飾語**などをつくる。
・接続助詞　主に**用言**や**助動詞**につく。**接続語**をつくる。
・副助詞　いろいろな語句につく。意味をつけ加える。
・終助詞　文や文節の**終わり**につく。気持ちや態度を表す。

●接続助詞の種類
・**順接**　例暑いので、休む。
・**逆接**　例暑いが、休まない。
・**補助**　例休んでおく。
・**並立**　例暑いし、まぶしい。

●副助詞がつけ加える意味
・**同類**　例妹にもあげよう。
・**限定**　例あなただけに教える。
・**例示**　例中学生などが来る。
・**程度**　例一年ほどかかる。
・**強調**　例今年こそ勝つ。
・**並立**　例手も足も洗う。

●終助詞がつけ加える意味
・**疑問**　例君は見たのですか。
・**念押し**　例黙っていてね。
・**感動**　例海は広いなあ。
・**禁止**　例そこには入るな。

テストに出る！ 予想問題

解答 p.4

20分　100点

1 よく出る　——線の助詞の種類をあとから一つずつ選び、記号で答えなさい。　4点×6〔24点〕

① 友達と図書館に行く。
② 春になると眠くなる。
③ おいしいから食べてごらん。
④ 紙は木からできている。
⑤ 弟になど負けるものか。
⑥ 虹が、きれいだなあ。

ア 格助詞　イ 副助詞　ウ 接続助詞　エ 終助詞

①	③	⑤
②	④	⑥

2 ——線の格助詞の意味をあとから一つずつ選び、記号で答えなさい。　4点×4〔16点〕

① 図書館で本を読む。
② 雨で運動会が中止になる。
③ 自転車で行く。
④ 熱中症で倒れる。

ア 手段　イ 場所　ウ 原因・理由

①	③
②	④

3 よく出る　——線の接続助詞のはたらきをあとから一つずつ選び、記号で答えなさい。　4点×4〔16点〕

漢字を読もう！　①弾く　②叱る　③誰
←答えは左ページ

例題

1 ――線の助詞の種類を選びなさい。

① 私が行く。（　）
② さあ、行くぞ。（　）
③ 行くこともできる。（　）
④ 行ったのに、会えない。（　）

ア 格助詞　**イ** 接続助詞
ウ 副助詞　**エ** 終助詞

2 ――線の接続助詞の種類を選びなさい。

① 見たり聞いたりする。（　）
② 怖いけれど見たい。（　）
③ 見ればわかる。（　）

ア 順接　**イ** 逆接
ウ 並立・同時

3 ――線の副助詞は、どのような意味をつけ加えていますか。

① 一時間くらい待つ。（　）
② 私しか知らない。（　）
③ 子どもでもできる。（　）

ア いくつか例があること。
イ おおよそのめやすであること。
ウ それに限られること。

答えと解説

1 ①ア　②エ　③ウ　④イ

どこについているか、どんな文の成分をつくるかに着目。
①「私（＝**体言**）が」→**主語**
④「行った（＝**用言**）のに」→**接続語**

2 ①ウ　②イ　③ア

接続助詞の前と後の関係を捉える。
①「見る」←同等→「聞く」
②「怖い」しかし「見たい」
③「見る」すると「わかる」

3 ①イ　②ウ　③ア

①どの**程度**かというめやすを示している。
②「私」に**限定**している。
③大人なら当然できるということを、**例示**によって表している。

---

① 食事を済ませて、出かけた。
② 弟は宝物を持っている。
③ 赤くてきれいな花だ。
④ 知っていながら、黙っていた。

ア 補助　**イ** 順接　**ウ** 並立　**エ** 逆接

③	①
④	②

4 ――線の副助詞の意味をあとから一つずつ選び、記号で答えなさい。　4点×6〔24点〕

① 一時間ばかり勉強した。
② テニスも得意だ。
③ 参考書などを調べた。
④ 今度こそ合格するぞ。
⑤ のどが痛くなり始め、せきさえ出だした。
⑥ 登山家でさえ登るのが難しい山。

ア 強調　**イ** 例示　**ウ** 添加　**エ** 同類　**オ** 程度

⑤	③	①
⑥	④	②

5 ――線の終助詞が表している気持ちをあとから一つずつ選び、記号で答えなさい。　4点×5〔20点〕

① この場所で遊ぶな。
② 本当にすごいなあ。
③ 神よ、お助け下さい。
④ 誰が花瓶を割ったのですか。
⑤ どこから来たの。

ア 感動　**イ** 疑問　**ウ** 呼びかけ　**エ** 禁止

⑤	③	①
	④	②

漢字で書こう！　①ひ（く）　②しか（る）　③だれ
答えは右ページ➡

教科書 p.76〜p.79

AI《エーアイ》は哲学できるか

要旨

◆AIの進歩はめざましい。AIにも人間と同次元の哲学ができるかといえば、それはまだ無理であろう。だが、もしできたら、哲学に新次元を開くことになるだろう。

5分間攻略ブック p.5

テストに出る！

ココが要点

●AI《エーアイ》は哲学できるか（教 p.77〜p.78）▶予想問題

●AIは人間のように哲学ができるのか?

→当分はできないだろう。

●もし仮に、人工知能が内発的な哲学の問いを発するならば…

→人間と人工知能の対話が始まる。→哲学に新次元を開く。

テストに出る！

予想問題

解答 p.4

30分

/100点

次の文章を読んで、問題に答えなさい。

しかし根本的な疑問が起きてくる。①この哲学的人工知能は本当に哲学の作業を行っているのだろうか。外部から入力されたデータの中に未発見のパターンを発見したり、人間によって設定された問いに解を与えたりするだけならば、それは哲学とは呼べない。

そもそも哲学は、自分自身にとって切実な哲学の問いを内発的に発するところからスタートするのである。[　　]、「なぜ私は存在しているのか?」とか「生きる意味はどこにあるのか?」という問いが切実なものとして自分に迫ってきて、それについてどうしても考えざるを得ないところまで追い込まれてしまう状況こそが哲学の出発点なのだ。人工知能は、このような切実な哲学の問いを内発的に発することがあるのだろうか。②そういうことは当

- 外部から入力されたデータの中に [　　　　] こと。
- 人間によって設定された問いに [　　　　] こと。

2 よく出る ——線②「そういうことは当分は起きない」と筆者が予想するのはなぜですか。[　]にあてはまる言葉を、文章中から抜き出しなさい。〔10点〕

人工知能は、人間と違って自分自身にとって [　　　　] ことはないから。

3 文章中の[　]にあてはまるものを次から一つ選び、記号で答えなさい。〔10点〕

ア そして　**イ** そのうえ

ウ 例えば　**エ** ところが

[　　]

4 ——線③「人間という類の証し」とは、哲学的にどのようなことだと考えられてきましたか。文章中から二つ抜き出しなさい。10点×2〔20点〕

[　　　　]

漢字を読もう!　①哲学　②抽出　③普遍的

←答えは左ページ

分は起きないと私は予想する。

しかしながら、もし仮に、人間からの入力がないのに人工知能が自分自身にとって切実な哲学の問いを内発的に発し、それについてひたすら考え始めたとしたら、そのとき私は「人工知能は哲学をしている」と判断するだろうし、人工知能は正しい意味で「人間」の次元に到達したのだと判断したくなるだろう。

哲学的には、自由意志に基づいた自律的活動と、普遍的な法則や真理を発見できる思考能力が、③人間という類の証《あかし》であると長らく考えられてきた。しかしそれらは将来の人工知能によっていずれ④陥落させられるであろう。

⑤人工知能が人間の次元に到達するためには、それに加えて、内発的哲学能力が必要だと私は考えたい。人工知能の進化によって、そのような「知性」観の見直しが迫られている。もちろん、彼らが発する内発的な哲学の問いはあまりにも奇妙で、我々の心に全く響かないかもしれない。この点をめぐって人間と人工知能の対話が始まるとすれば、それこそが⑥哲学に新次元を開くことになると思われる。

〔森岡《もりおか》 正博《まさひろ》「AI《エーアイ》は哲学できるか」による〕

1 ——線①「この哲学的人工知能は本当に哲学の作業を行っているのだろうか。」とありますが、筆者は、「この哲学的人工知能」がどんな作業を行うと考えていますか。二つ書きなさい。 10点×2〔20点〕

5 ——線④「陥落」とはここではどのような意味ですか。次から一つ選び、記号で答えなさい。 〔10点〕

ア 哲学的に人間という類の証であると考えられてきた活動や能力が、将来人工知能にもできるようになること。

イ 人工知能が進化することで、人間の大きな特徴であった哲学的な活動や能力は必要なくなること。

ウ 哲学的に人間という類の証であると考えられてきた活動や能力を得た人工知能が、将来人類を支配するということ。

エ 哲学的な人間の活動や能力は将来衰えていくので、早いうちに人工知能にその役割を交代させるべきだということ。

6 よく出る ——線⑤「人工知能が人間の次元に到達する」ためには、**4**の二つに加えて何が必要だと筆者は考えていますか。文章中から七字で抜き出しなさい。 〔10点〕

7 やや難 ——線⑥「哲学に新次元を開くことになると思われる」とありますが、どのようなことになれば、そうなると思われるのですか。同じ段落の言葉を使って書きなさい。 〔20点〕

人工知能の進化によって、

漢字で書こう！ ①てつがく ②ちゅうしゅつ ③ふへんてき
答えは右ページ➡

教科書 p.84～p.85／p.86／p.270～p.272

漢字の広場2 熟字訓
言葉の小窓1 和語・漢語・外来語

確認

◇一字一字の読み方を分けられない熟語を熟字訓という。
◇日本語の単語には、その成り立ちから、和語・漢語・外来語という三つの語種がある。

5分間攻略ブック p.5

テストに出る！ ココが要点

漢字の広場2 熟字訓

●熟字訓…漢字二字以上で構成され、その一字一字の読み方を分けられないもの。例「竹刀《しない》」（×「し・ない」「しな・い」）
●熟字訓の中には、音読みや他の訓読みも使われるものがある。
・意味・用法が同じもの　例「昨日」…きのう・サクジツ
・意味・用法が異なるもの　例「下手」…へた・したて・しもて

テストに出る！ ココが要点

言葉の小窓1 和語・漢語・外来語

●和語（大和言葉）……もともと日本語にある言葉。例「優しい」
【表記】平仮名・漢字　【読み】訓読み
●漢語……中国語がもとになっている言葉。例「優秀」
【表記】漢字　【読み】音読み
和語から作られた漢語＝和製漢語　例「大根」
●外来語…中国語以外の言語から入ってきた言葉。例「パン」
【表記】片仮名
多くは英語に由来
芸術分野→フランス語
医学分野→ドイツ語　音楽分野→イタリア語
日本で作られた外来語＝和製英語　例「キャッチボール」
●混種語…語種が混ざり合った単語。例「食パン」（漢語＋外来語）

テストに出る！ **予想問題**

解答 p.5

20分　100点

漢字の広場2 熟字訓

1 意味に注意して、——線の読み方を書きなさい。4点×4〔16点〕

① 明日は一日中晴れるそうだ。
② 姉の誕生日は、四月一日だ。
③ 彼は上手に英語を話す。
④ 舞台の上手から登場する。

①	②

③	④

2 よく出る 次の熟字訓の読み方と、意味の□にあてはまる言葉を書きなさい。4点×8〔32点〕

① 時雨…【意味】□の末から冬の初めにかけて降る小雨。
② 老舗…【意味】何代も続き、信用を得ている□。
③ 伯母…【意味】父や母の□。
④ 固唾…【意味】□したときに口の中にたまる唾。

	読み方	意味
①		
②		
③		
④		

言葉の小窓1 和語・漢語・外来語

3 よく出る 次の言葉が和語ならA、漢語ならB、外来語ならCを書きなさい。3点×5〔15点〕

漢字を読もう！　①搬入　②行為　③紛糾
←答えは左ページ

例題

1 （　）にあてはまるものを選びなさい。

① 和語は、（　　）や漢字で書き、漢字は（　　）で読む。
② 漢語は、漢字で書き、（　　）で読む。
③ 外来語は、（　　）で書く。

ア 片仮名　**イ** 平仮名　**ウ** 音読み　**エ** 訓読み

2 次の言葉の語種を選びなさい。

① ルール（　　）
② 規則（　　）
③ 決まり（　　）

ア 和語　**イ** 漢語　**ウ** 外来語

3 次の組み合わせでできている混種語を選びなさい。

① 外来語＋和語（　　）
② 漢語＋和語（　　）
③ 漢語＋外来語（　　）

ア シャボン玉　**イ** 重箱　**ウ** 半ズボン

答えと解説

1 ①イ・エ　②ウ　③ア

漢字、平仮名、片仮名を使い分ける日本語の表記方法は、**語種の違いを見分けやすい。**

2 ①ウ　②イ　③ア

意味は同じでも、語種に**よって受ける印象が異なる。**
①**スマート**な印象。
②**硬く改まった**印象。
③**やわらかな**印象。

3 ①ア　②イ　③ウ

①「シャボン」は、ポルトガル語が由来の**外来語**。「玉」は「たま（だま）」と**訓読みする和語**。
②「重（ジュウ）」は**音読み**、「箱（ばこ）」は**訓読み**。
③「半（ハン）」は**音読み**。

---

① 表現　② ピアノ　③ 青空　④ 昼食　⑤ ボタン

①	
②	
③	
④	
⑤	

4 **三つの語種が同じ意味になるように書きなさい。** 4点×3〔12点〕

（和語）　（漢語）　（外来語）

① 取り消し ― 解約 ― ［　　］
② ［　　］ ― 開始 ― スタート
③ 飲み物 ― ［　　］ ― ドリンク

5 やや難 **次の混種語は、和語・漢語・外来語をどのように組み合わせてできていますか。** 4点×4〔16点〕

① 古本　② 生クリーム　③ 台所　④ ラジオ体操

① 語＋語	② 語＋語
③ 語＋語	④ 語＋語

6 **次の□にあてはまるものをあとから一つずつ選び、記号で答えなさい。** 3点×3〔9点〕

外来語の多くは英語に由来するが、服飾や［Ⅰ］に関する言葉はフランス語、［Ⅱ］や登山に関する言葉はドイツ語、［Ⅲ］に関する言葉はイタリア語に由来するものが多い。

ア 音楽　**イ** 歴史　**ウ** 料理　**エ** 医学

Ⅰ	
Ⅱ	
Ⅲ	

漢字で書こう！　①はんにゅう　②こうい　③ふんきゅう
答えは右ページ➡

教科書 p.92〜p.95

async《アシンク》——同期しないこと

要旨

◇人間は生理的に同期をしてしまう。ほとんどの音楽は同期している音楽である。しかし、不寛容《かんよう》な時代には同期しない音楽を聴《き》くことが大切なのではないか。

テストに出る！ **ココが要点**

同期しない音楽の必要性（教 p.94〜p.95）➤予想問題

●音は同じ必然性で同じ重要性をもっている

↓人間は生存にあまり必要のない音は無視している。

↓九十九%の音楽は同期する音楽である。

↓不寛容《かんよう》な時代に、同期しない音を聴《き》くことが大切ではないか。

テストに出る！ 予想問題

解答 p.5　30分　100点

次の文章を読んで、問題に答えなさい。

自然の音や都会の雑踏の音、音にはそれぞれ独自のリズムや響きがある。音は同じ必然性で同じ重要性をもっていて、ゴーッというなんとなく聴《き》こえている音も窓の外から聴こえる通りの音も、存在理由があって存在している。それなのに、人間が勝手にこれはいい音、これは①悪い音と決めてしまう。二十四時間ほとんど音に囲まれて生きているのに、生存にあまり必要のない音は無視している。本当はこっちでも音が鳴っているのにそれは聴こえてこない、そういうこともよくある。

それは視覚でも同じで、脳が見たいと思っているものだけを見てしまう。つきつめれば、人間が持っている②脳はフィルター越しに世界を見ている、認識していることになる。そのフィルターは

1 ——線①「悪い音」を言いかえるとどのような音ですか。文章中から十二字で抜き出しなさい。〔10点〕

2 よく出る ——線②「脳はフィルター越しに世界を見ている」とは、どのような意味ですか。それがわかる部分を文章中から二十一字で抜き出し、初めと終わりの五字を書きなさい。〔10点〕

〜

3 よく出る ——線③「人間を同じ一つの檻《おり》に閉じこめる」とはどのような意味ですか。次から一つ選び、記号で答えなさい。〔15点〕

ア 人々が皆同じ場所にしか集まらなくなるということ。
イ 人々が皆同じ見方しかしなくなるということ。
ウ 人々が皆同じことしか話さなくなるということ。
エ 人々が皆同じ音楽しか聴かなくなるということ。

4 ——線④「同期している音楽、同期を目ざす音楽」について答えなさい。

(1) 「同期している音楽、同期を目ざす音楽」とはどのような音楽ですか。次から一つ選び、記号で答えなさい。〔15点〕

ア 誰もが感動する音楽。　**イ** 誰もが演奏できる音楽。
ウ 誰もがなつかしがる音楽。　**エ** 誰もが聴きやすい音楽。

漢字を読もう！ ①鍵盤　②狂う　③促す
←答えは左ページ

③人間を同じ一つの檻《おり》に閉じこめる。無自覚のうちに「同期」を促すことによって。

九十九%の音楽というのは、④同期している音楽、同期を目ざす音楽だ。どうも人間はネイチャーとして、同期することに快感を覚えるらしく、放っておくと同期をしてしまうらしい。考えるという知的なレベルではなく、生理的に同期してしまう。例えば十人、二十人集まって、それぞれ好きな高さで「アー」と声を出していると、五分から十分くらいで同じ高さにまとまってきてしまう。みんながそれぞれ好きなリズムで手を叩《たた》いていても、絶対に合ってしまう。実は、合わせないほうが人間には難しいのだ。

でも僕は、あえてその⑤同期しない音楽というのをつくってみようと思った。同期していない音楽、いわば誰もしゃべっていない言葉をしゃべること。人工的な音に枯れ葉を踏みしめる音や、動物の鳴き声などを重ね合わせた曲。一つ一つの同期しない音を共存させるのである。合わせない音楽、同期しない一つ一つの音から、楽器の音と自然の音が一体となった新しい音楽を生み出す。

一つのテンポに皆が合わせるのではなくて、それぞれの音やパートが固有のテンポをもつ音楽をつくる。バラバラにテンポを刻む多様な音を使って、あるいは人工的調律から解放されたピアノを使って、楽曲という一定のまとまりのあるものをつくること。これは、⑥僕たち人間社会でも同じではないだろうか。不寛容《かんよう》な時代には、非同期、つまり同期しない音を聴くことが大切なのではないか。

〔坂本《さかもと》 龍一《りゅういち》「async《アシンク》――同期しないこと」による〕

(2) 「同期を目ざす音楽」として、筆者はどのような例を挙げていますか。二つ書きなさい。 10点×2〔20点〕

5 ――線⑤「同期しない音楽」とありますが、具体的にどのような音楽かがわかる一文を同じ段落から抜き出し、初めと終わりの五字を書きなさい。〔15点〕

～

6 やや難 ――線⑥「僕たち人間社会でも同じではないだろうか」とはどのようなことを述べていますか。次から一つ選び、記号で答えなさい。〔15点〕

ア 人間社会は一人一人が違った個性をもちながら、一つのまとまりある社会を築くものであるということ。
イ 人間社会は多くの人々が秩序《ちつじょ》を守りながら、一つのまとまりある社会を築くものであるということ。
ウ 人間社会はいろいろな所から人々が集まって、一つのまとまりある社会を築くものであるということ。
エ 人間社会は伝統を祖先から代々受け継ぐことで、一つのまとまりある社会を築くものであるということ。

漢字で書こう! ①けんばん ②くる(う) ③うなが(す)
答えは右ページ➡

問いかける言葉

テストに出る！
ココが要点

問いかける言葉の重要性（教 p.99～p.100）➤予想問題

●異質なものとの出会いがなくなる。
↓人々は閉鎖的になる。相手を排除しようとさえする。
●言葉による問いかけにより、閉じた世界に異質なものを投げこむ。
↓自分の世界とは異なる世界との出会いを生み出す。
↓現実の世界が抱える課題の解決につながる。

テストに出る！
予想問題

解答 p.6

30分　100点

次の文章を読んで、問題に答えなさい。

　こうした中では、多様な人々の存在、自分とは異なる多様な考え方が存在していることを知る機会、①異質なものとの出会いが次第になくなっていきます。それぞれが閉鎖的な情報空間を作り、同じような考え方をもった人々の間だけで対話を行うようになっていきます。そうなれば、異なる情報空間にいる人々との間に分断が起こり、相手に対して不寛容になり、お互いを排除しようとさえするようになります。そこには、異質なものに出会って戸惑い、悩み、考える機会はありません。
　しかし、②現実の世界が抱える課題は、さまざまに入り組み利害対立も複雑になっています。異なる考え方やさまざまな利害を抱

要旨

◆言葉による問いかけには、閉じた世界に異質なものを投げこみ、その世界を開いていく力がある。そして、自分の世界とは異なる世界との出会いを生み出す。

5分間攻略ブック p.7

1　――線①「異質なものとの出会いが次第になくなっていきます」について答えなさい。

(1)　人は異質なものとの出会いがなくなると、異なる情報空間にいる相手に対してどのようになりますか。文章中から二十一字で抜き出し、初めと終わりの五字を書きなさい。〔10点〕

□□□□□～□□□□□

(2)　人は異質なものに出会ったとき、ふつう、どのようになりますか。文章中から十字で抜き出しなさい。〔10点〕

□□□□□□□□□□

2　――線②「現実の世界が抱える課題」について答えなさい。

(1)　よく出る　「現実の世界が抱える課題」を解決するためにはどのようなことを行うことが必要ですか。次の□にあてはまる言葉を文章中から抜き出しなさい。5点×4〔20点〕

ⓐ□やさまざまなⓑ□を抱えた人々が、お互いのⓒ□を外に開き、自分たちとはⓓ□と出会うこと。

漢字を読もう！　①媒介　②吟味　③傾向
←答えは左ページ

えた人々が、社会的合意を求めて対話を積極的に行うことができなければ、課題の解決は不可能です。そのためには、お互いの情報空間を外に開き、自分たちとは異なる世界と出会うことが必要です。そのきっかけを作るのは、問いかける言葉です。

③海外の学校で、質問すること、問いを出すことで新しい世界が現れることを経験した私は、日本に帰国して、同じようにクラスメイトに単刀直入に疑問を投げかけました。すると、けげんな顔をされることがたびたび起きたのです。皆が同じであることが尊重され、異なる意見をもつこと、異なる意見を出すことはあまり歓迎されない。そういう空気が流れていると思った記憶があります。

日本の社会では、周囲の空気を読み取り、それに素早く溶けこむことが、人と人とのコミュニケーションにとって重要な要件であるとされているように思います。そして周囲に素早く溶けこむためには、何でもすぐにわかった気になることが求められているようにも思えます。

しかし、わからないものはわからないとして、もやもやが残ったほうがいいのではないでしょうか。何かがおかしい、何か腑《ふ》に落ちないという思い、そこから疑問が生まれ、問いを発していくことで対話は生まれます。決して結論を押しつけるのではなく、「あなたはどう思いますか?」と投げかける。④言葉による問いかけには、閉じた世界に異質なものを投げこみ、新しい風を吹きこむことで、その閉じている世界を開いていく力があるのです。問いを出したり、出されたりすることは、自分の世界とは異なる世界との出会いを生み出すのです。〔国谷《くにや》 裕子《ひろこ》「問いかける言葉」による〕

(2) (1)のきっかけを作るものは何ですか。七字で書きなさい。〔10点〕

3 ――線③「海外の学校で、……投げかけました。」について答えなさい。

(1) 筆者の投げかけに対し、日本のクラスメイトはどのような顔をしていましたか。文章中から抜き出しなさい。〔10点〕

(2) やや難 (1)の原因はどのようなことにありますか。「同じ」「空気」という言葉を使ってまとめなさい。〔25点〕

4 ――線④「言葉による問いかけ」にはどのような力があると筆者は述べていますか。次から一つ選んで答えなさい。〔15点〕

ア 皆が異なった意見を出し合い混乱する中で、冷静な判断ができ、行動することのできる力。

イ 皆がおかしいと思いながらも従わざるを得ない社会制度の中で、一人だけ抵抗することのできる力。

ウ 皆が同調する社会に異なった意見を投げかけ、新しい世界との出会いを生み出すことのできる力。

エ 皆が異なる意見も受け入れる寛大な社会の空気の中で、あくまでも他者の意見を受け入れない力。

漢字で書こう! ①ばいかい ②ぎんみ ③けいこう

答えは右ページ➡

文法の小窓2 助動詞のはたらき
言葉の小窓2 相手に対する配慮と表現

確認

◆活用のある付属語（＝助動詞）は、述語に意味をつけ加えたり、話し手の判断を表したりする。
◆敬語は、適切な人間関係をつくるための言葉。

5分間攻略ブック p.20

テストに出る！
ココが要点
文法の小窓2 助動詞のはたらき

●**助動詞**…活用のある付属語
【役割】述語に意味をつけ加える。話し手の判断を表す。

●「れる」「られる」の意味
・**受け身**…「他から〜される」 例先生に注意される。
・**可能**……「〜できる」 例何個でも食べられる。
・**自発**……「自然に〜する」 例なつかしく思い出される。
・**尊敬**……「〜なさる」 例お客様が座られる。

●「そうだ・そうです」の意味
・**様態**……「〜様子だ」 例雨が降りそうだ。（連用形につく）
・**伝聞**……「〜と聞いた」 例雨が降るそうだ。（終止形につく）

●「ない」の品詞の見分け方
①「ある」の反対の意味 例収入がない。→形容詞
②直前に「は」が入る 例悲しくはない。→補助形容詞
③「ぬ」に置きかえられる 例見ない（見ぬ）。→助動詞

例題

1 ——線の助動詞の意味を選びなさい。
① 故郷がしのばれる。（　）
② ここから外に出られる。（　）
③ 先生が来られる。（　）

答えと解説

1 ①ウ ②イ ③エ ④ア

基本的に五段活用・サ行変格活用動詞には「れる」

テストに出る！
予想問題
文法の小窓2 助動詞のはたらき

解答 p.6
20分 ／100点

1 ——線の助動詞は、どのような意味をつけ加えていますか。あとから一つずつ選び、記号で答えなさい。 4点×5〔20点〕
① 生徒会長になりたい。
② 命令に従わせる。
③ 私が伝えます。
④ 明日は早く起きよう。
⑤ 夏休みに海へ行った。

ア 使役　イ 意志　ウ 過去　エ 希望　オ 丁寧

①	③	⑤
②	④	

2 よく出る ——線の助動詞「れる」「られる」の意味をあとから一つずつ選び、記号で答えなさい。 4点×5〔20点〕
① 犯人に逃げられる。
② 気配が感じられる。
③ 先生に呼び出される。
④ 今年も桜が見られる。
⑤ 校長先生が話される。

ア 受け身　イ 可能　ウ 自発　エ 尊敬

①	③	⑤
②	④	

3 ——線の助動詞「そうだ」の意味をあとから一つずつ選び、記号で答えなさい。 3点×5〔15点〕
① よく知っているそうだ。

漢字を読もう！ ①視聴覚 ②丁寧 ③配慮 ←答えは左ページ

④ 母にほめられる。（　　）

ア 他から～される（受け身）
イ ～できる（可能）
ウ 自然に～する（自発）
エ ～なさる（尊敬）

2 ――線の助動詞の意味を選びなさい。

① 到着するそうだ。（　　）
② 到着しそうだ。（　　）

ア ～様子だ（様態）
イ ～と聞いた（伝聞）

3 ――線の「ない」の品詞を選びなさい。

① 味がない。（　　）
② もう待てない。（　　）
③ 寂しくない。（　　）

ア 形容詞　イ 補助形容詞
ウ 助動詞

言葉の小窓２　相手に対する配慮と表現

テストに出る！ **ココが要点**

● **敬語**…よりよい人間関係をつくるための言葉。相手に**敬意をもっている**とわかってもらうことが重要。

がつく。**それ以外は「られる」**がつく。①「しのぶ」五段活用→「**れる**」。②「出る」④「ほめる」は下一段活用→「**られる**」。③「来る」はカ行変格活用→「**られる**」。

2 ①イ　②ア

①「到着する」**（終止形）につくのは伝聞**。②「到着し」**（連用形）につくのは様態**。

3 ①ア　②ウ　③イ

①「**ない（無い）**」は単独で述語になるので形容詞。②「待て**ぬ**」と置き換えられる。③「寂しく**は**ない」と「は」を入れることができる。

---

② 嵐になりそうだ。
③ ほっぺたが落ちそうだ。
④ 延期になるそうだ。
⑤ 今にも泣きそうだ。

ア 様態　イ 伝聞

①	③	⑤
②	④	

4 やや難 **――線が助動詞である方をそれぞれ一つずつ選び、記号で答えなさい。** 5点×3〔15点〕

① ア 連絡する手段がない。　イ 絶対に諦めない。
② ア 会場は、とても静かだ。　イ 君の手柄だ。
③ ア 事情を知っているらしい。　イ 子猫はかわいらしい。

①	②	③

言葉の小窓２　相手に対する配慮と表現

5 よく出る **――線の敬語を、正しい言い方に改めなさい。** 5点×6〔30点〕

①「私がご案内なさいます。」　②「先生は職員室におりますか。」
③「気温がお下がりになりました。」　④「ご飯を頂いてください。」
⑤「ご自由に拝見してください。」　⑥「先生が私に申し上げました。」

①	③	⑤
②	④	⑥

漢字で書こう！ ①しちょうかく　②ていねい　③はいりょ

答えは右ページ➡

教科書 p.116～p.125

旅への思い――芭蕉《ばしょう》と『おくのほそ道』――

主題

◇漂泊の俳人芭蕉による、東北・北陸地方の旅の体験を題材とした紀行文。五か月近くにわたる旅の先々で目にした情景やそこでの心情が、俳句とともに描かれている。

5分間攻略ブック p.8／p.16

テストに出る！ ココが要点

作品

- 作者……芭蕉《ばしょう》
- 成立……江戸時代
- ジャンル…旅の見聞や感想を記した「紀行文」。
- 特徴……俳句を交えた文体で書かれている。

対句表現

- 対になる表現を並べる「対句」が多用されている。
→簡潔でリズムのよい文章になっている。

例 岸を　巡り
　 岩を　這《は》ひて　} 対句表現

例題　旅立ち・立石寺《りゅうしゃく》

◇旅立ち◇

月日は百代《はくたい》の過客《くわかく》にして、行《ゆ》きかふ年もまた旅人なり。①**舟の上に生涯を浮かべ、馬の口とらへて老いを迎ふる者**は、日々旅にして旅を栖《すみか》とす。②**古人**も多く旅に死せるあり。

[現代語訳]

月日は永遠の□であり、行く年来る年もまた旅人である。舟の上で一生を送る船頭や、馬のくつわを取って老いを迎える馬子《まご》は、毎日の生活が旅であり、旅をすみかとしている。昔の人にも数多く旅の途上で亡くなったかたがいる。

1 [現代語訳]の□にあてはまる言葉を古文中から二字で抜き出しなさい。

2 ――線①「舟の上に……迎ふる者」にあてはまる人物を[現代語訳]から二つ抜き出しなさい。

3 よく出る ――線②は、どのような人たちのことですか。選びなさい。（　　）

ア 昔の詩人たち
イ 芭蕉の先祖たち
ウ 昔の無名の人たち

答えと解説

1 旅人

「百代の過客」とは「**永遠の旅人**」という意味。

2 船頭・馬子

[現代語訳]中に「**舟の上で一生を送る船頭や、馬のくつわを取って老いを迎える馬子**」とある。

3 ア

李白《りはく》や杜甫《とほ》、西行《さいぎょう》や宗祇《そうぎ》など、人生の大半を旅に過ごしながら詩歌《しいか》の道を極めた詩人たちにあこがれて、芭蕉は漂泊の旅に出るのである。

◈立石寺《りふしやく》◈

山形領に立石寺といふ山寺《やまでら》あり。慈覚大師《じかくだいし》の開基にして、ことに清閑《せいかん》の地なり。一見すべきよし、人々の勧むるによつて、尾花沢《をばねざは》よりとつて返し、その間《かん》七里ばかりなり。

日いまだ暮れず。ふもとの坊《ばう》に宿借り置きて、山上の堂に登る。岩に巖《いはほ》を重ねて山とし、松柏年《しようはくとし》旧《ふ》り、土石老いて苔《こけ》滑らかに、岩上の院々扉を閉ぢて物の音聞こえず。岸を巡り岩を這《は》ひて仏閣を拝し、佳景寂寞《かけいじやくまく》として心澄みゆくのみおぼゆ。

閑《しづ》かさや岩にしみ入る蟬《せみ》の声

〔「旅への思い——芭蕉《ばしよう》と『おくのほそ道』——」による〕

---

4 芭蕉が立石寺を訪れたのは、人々になんと伝えられたからですか。その内容を表す部分を文章中から七字で抜き出しなさい。

□□□□□□□

5 立石寺を参拝した芭蕉の思いを言い表している言葉を、文章中から抜き出しなさい。

（　　　　）

6 よく出る 〰〰の俳句について答えなさい。

(1) 芭蕉は何に最も感動しているのですか。句の中から三字で抜き出しなさい。

□□□

(2) どのような情景がよまれていますか。選びなさい。

ア それまでの静寂が、突然の蟬の声によって破られている。

イ 山の暑苦しい空気を、たくさんの蟬の声が象徴している。

ウ 山寺の静けさが、蟬の声によっていっそう際立《きわ》っている。

（　　）

---

4 一見すべきよし

人々から「一見の価値がある」と勧められたため、芭蕉は尾花沢から七里も引き返して立石寺へと向かったのである。

5 （佳景寂寞として）心澄みゆくのみおぼゆ

「佳景寂寞」は、すばらしい景色が静まり返っている様子を表す。そんな風景に、芭蕉は**心が澄みわたるような感動を覚えた**のである。

6 (1) 閑かさ　(2) ウ

切れ字「や」が「閑かさ」についていることに着目する。 切れ字は感動の中心を表すので、芭蕉は山寺の「閑かさ」に感動しているとわかる。

漢字で書こう! ①きんき　②ぼうとう　③ごらく

答えは右ページ➡

テストに出る！

予想問題

解答 p.7　30分　100点

1 次の文章を読んで、問題に答えなさい。

月日は百代《はくたい》のⓐ過客《くわかく》にして、行きかふ年もまた旅人なり。①舟の上に生涯を浮かべ、馬の口ⓑとらへて老いを迎ふる者は、日々旅にして旅を栖《すみか》とす。古人も多く旅に死せるあり。

予《よ》もいづれの年よりか、片雲《へんうん》の風に誘はれて、②漂泊の思ひやまず、海浜《かいひん》にさすらへて、去年《こぞ》の秋、ⓒ江上《かうしやう》の破屋にくもの古巣を払ひて、やや年も暮れ、③春立てる霞《かすみ》の空に、白河《しらかは》の関越えむと、そぞろ神《がみ》の物につきて心をくるはせ、道祖神《だうそじん》の招きにあひて、取るもの手につかず。

④ももひきの破れをつづり、笠《かさ》の緒《を》付けかへて、三里に灸《きう》すゆるより、松島《まつしま》の月まづ心にかかりて、住める方《かた》は人に譲《ゆづ》りて、杉風《さんぷう》が別墅《べつしよ》に移るに、

⑤草の戸も住み替はる代ぞ雛《ひな》の家

表《おもて》八句を庵《いほり》の柱にかけおく。

〔「旅への思い――芭蕉《ばしょう》と『おくのほそ道』――」による〕

1 〰〰線ⓐ〜ⓒを現代仮名遣《づか》いに直し、全て平仮名で書きなさい。　3点×3〔9点〕

ⓐ

ⓑ

ⓒ

2 ――線①「舟の上に生涯を浮かべ」とありますが、この部分と対になっている表現を文章中から抜き出しなさい。〔6点〕

2 次の文章を読んで、問題に答えなさい。

①三代の栄耀《えいえう》一睡のうちにして、大門《だいもん》の跡は一里こなたにあり。②秀衡《ひでひら》が跡は田野《でんや》になりて、金鶏山《きんけいざん》のみ形を残す。まづ高館《たかだち》に登れば、北上川《きたかみがは》南部《なんぶ》より流るる③大河なり。衣川《ころもがは》は和泉《いづみ》が城《じやう》を巡りて、高館の下《もと》にて大河に落ち入る。泰衡《やすひら》らが旧跡《きうせき》は、衣《ころも》が関《せき》を隔《へだ》てて南部口《ぐち》をさし固め、夷《えぞ》を防ぐとみえたり。さても④義臣すぐつてこの城に籠もり、功名一時のくさむらとなる。「国破れて山河《さんが》あり、城春にして草青みたり。」と、笠《かさ》打ち敷きて、⑤時の移るまで涙を落としはべりぬ。

⑥夏草や兵《つはもの》どもが夢の跡

〔「旅への思い――芭蕉《ばしょう》と『おくのほそ道』――」による〕

1 よく出る ――線①「三代の栄耀一睡のうちにして」とは、どのような意味ですか。次から一つ選び、記号で答えなさい。〔7点〕

ア　藤原《ふじわら》氏三代の栄華も、今となっては現実ではないように思われ
イ　藤原氏三代の栄華は、わずかな時間で築かれたものであり
ウ　藤原氏三代の栄華は、夢のようにはかなく消え去り
エ　藤原氏の栄華も、三代目には終わりを告げてしまい

2 ――線②「秀衡が跡は田野になりて」を、「館」「今」という言葉を使って現代語に直しなさい。〔7点〕

漢字を読もう！　①譲る　②滞在　③感慨
←答えは左ページ

3 〈やや難〉 ――線②「漂泊の思ひ」とは、どんな思いですか。〔8点〕

4 ――線③「立てる」は掛詞《かけことば》です。どんな意味と、どんな意味をかけていますか。 5点×2〔10点〕

5 ――線④は、何をしているところですか。〔7点〕

6 芭蕉の人生観を最もよく表している一文を文章中から抜き出し、初めの五字を書きなさい。〔5点〕

7 ――線⑤「草の戸も……」の俳句について答えなさい。

(1) この俳句の季語と季節を書きなさい。 3点×2〔6点〕

季語

季節

(2) 〈よく出る〉 この俳句には、芭蕉のどのような気持ちがよまれていますか。次から一つ選び、記号で答えなさい。〔7点〕

ア 自分の帰ってくる場所がなくなったことへの未練。
イ 庵を他人に譲り旅先で死んでしまいたいという願望。
ウ 庵を捨ててこれから長い旅へ出ることに対する不安。
エ 人の世の変わりやすさと時が移りゆくことへの感慨。

---

3 ――線③「大河なり」の主語を文章中から抜き出しなさい。〔7点〕

4 ――線④「義臣」とは、ここではどのような人を指していますか。次から一つ選び、記号で答えなさい。〔7点〕

ア 藤原氏を倒そうとする武将。
イ 義経《よしつね》に忠義を尽くす家臣。
ウ 北方から攻めてくる人々。
エ 芭蕉と共に旅をする曽良《そら》。

5 〈よく出る〉 ――線⑤「涙を落としはべりぬ」とありますが、このときの芭蕉の気持ちを次から一つ選び、記号で答えなさい。〔7点〕

ア 変わらぬ自然と対照的な、人の営みのはかなさを思う気持ち。
イ 長旅に疲れて、遠く離れた故郷を懐《なつ》かしく思い出す気持ち。
ウ 功名のために命をかけた武士たちに、同情する気持ち。
エ 人間の営みを優しく見守る自然に、感謝する気持ち。

6 ――線⑥「兵どもが夢の跡」とほぼ同じ内容を表す部分を文章中から十二字で抜き出しなさい。〔7点〕

漢字で書こう! ①ゆず(る) ②たいざい ③かんがい
答えは右ページ➡

教科書 p.126〜p.133

和歌の調べ ——万葉集《まんようしゅう》・古今和歌集《こきんわかしゅう》・新古今和歌集《しんこきんわかしゅう》——

確認

◆和歌の技法には、「枕詞《まくらことば》」「序詞《じょことば》」「掛詞《かけことば》」などがある。また、意味の切れ目である「句切れ」の位置によって、七五調・五七調のいずれかのリズムとなる。

5分間攻略ブック p.9／p.17

テストに出る！ **ココが要点**

三大和歌集

- **万葉集《まんようしゅう》**（奈良時代）…現存する**日本最古**の歌集。感動を率直に表す。
- **古今和歌集《こきんわかしゅう》**（平安時代前期）…最初の**勅撰《ちょくせん》和歌集**。想像力豊かで技巧的。
- **新古今和歌集《しんこきんわかしゅう》**（鎌倉《かまくら》時代）…八番めの勅撰和歌集。古典を踏まえるなど、心の中の美の世界を表す。

句切れとリズム

- 初句切れ（五／七五七七）・三句切れ（五七五／七七）…**七五**調
- 二句切れ（五七／五七七）・四句《しく》切れ（五七五七／七）…**五七**調

和歌の形式

- 短歌…五・七・五・七・七
- 長歌…五・七を三回以上重ね、最後を七音で結ぶ。**反歌**が添えられる。

和歌の技法

- **枕詞《まくらことば》**…特定の言葉を導くためにおかれる言葉。**五音**が多い。
- **序詞《じょことば》**…ある言葉を導くための前置きの言葉。音数にきまりなし。
- **掛詞《かけことば》**…一つの言葉に**複数**の意味をもたせる技法。
- **縁語《えんご》**…ある言葉と意味上で関連のある言葉を用いる。

例題 古人の思い

A 田子《たご》の浦ゆ うち出《い》でて見れば 真白にそ
富士《ふじ》の高嶺《たかね》に 雪は降りける
山部《やまべ》 赤人《のあかひと》

B 袖ひちて むすびし水の こほれるを
春立つけふの 風やとくらむ
紀《き》 貫之《のつらゆき》

1 A〜Cの和歌の特徴を、それぞれ選びなさい。

ア 心の中に浮かぶ美の世界を表している。
イ 情景を見た感動を率直に表している。
ウ 技巧を用いて心情をほのめかしている。

A（　　）B（　　）C（　　）

2 よく出る Bの和歌が収められている、最初の勅撰《ちょくせん》和歌集の名前を書きなさい。

（　　　　　　　　）

答えと解説

1 Aイ Bウ Cア

Aは万葉集、Bは古今和歌集、Cは新古今和歌集の歌。時代が下るにしたがって、**素朴なよみぶりが次第に技巧的になり、洗練されたものとなっていく。**

2 古今和歌集

醍醐《だいご》天皇の命により、**紀貫之ら**が和歌を選んでまとめ上げた。

漢字を読もう！ ①祈り ②巧み ③沢
←答えは左ページ

C　心なき 身にもあはれは 知られけり
鴫《しぎ》立つ沢《さは》の 秋の夕暮れ
西行法師《さいぎょうほうし》

D　春過ぎて 夏来たるらし 白たへの
衣《ころも》干したり 天《あめ》の香具山《かぐやま》
持統天皇《じとうてんのう》

E　父母が 頭《かしら》かきなで 幸《さ》くあれて
言ひし言葉《けとば》ぜ 忘れかねつる

3 よく出る　Cの和歌の、句切れとリズムを書きなさい。

句切れ（　　　）
リズム（　　　）

4　Dの和歌の中から、枕詞《まくらことば》を抜き出しなさい。

（　　　）

5　Eの和歌のように、東国から九州に送られた兵士と、その家族の歌を何といいますか。

（　　　）

6　Eの和歌にこめられている作者の思いを選びなさい。

ア　病気の両親をいたわる優しさ。
イ　年老いた両親をなくした悲しさ。
ウ　優しい両親への懐《なつ》かしさ。

（　　　）

3　句切れ…三句切れ
リズム…七五調

「趣《おもむき》を理解しない我が身でもしみじみとした趣は自然と感じられるものだ／鴫が飛び立つ沢の夕暮れよ」と、三句のあとで意味が切れる。**三句切れのリズムは、七五調。**

4　白たへの

「白たへの」は「衣」を導く枕詞で、ここでは「真っ白な」という意味。枕詞には、他に「あしひきの」→「山」、「たらちねの」→「母」などがある。

5　防人の歌

D・Eはどちらも万葉集の歌。万葉集には、天皇から農民、兵士にいたるまで、**幅広い階層の作者による歌が収められている。**

6　ウ

作者は、**防人《さきもり》として遠く九州に行ってしまう。**そんな自分に「無事でいるように」と言って送り出した両親を懐かしく思い出している句。

漢字で書こう！　答えは右ページ➡　①いの(り)　②たく(み)　③さわ

テストに出る！

予想問題

解答 p.7　30分　/100点

◇ 次の和歌を読んで、問題に答えなさい。

A 君待つと 吾《あ》が恋ひをれば 我《わ》が屋戸《やど》の
①すだれ動かし 秋の風吹く
額田王《ぬかたのおおきみ》

B ②多摩《たま》川に さらす手作り さらさらに
なにそこの児《こ》の ③ここだかなしき
（東歌《あづまうた》）

C 瓜《うり》食《は》めば 子ども思ほゆ 栗《くり》食めば ましてしぬはゆ
いづくより 来たりしものそ ④まなかひに もとなかかりて
⑤安眠《やすい》しなさぬ
山上憶良《やまのうえのおくら》

D 銀《しろかね》も 金《くがね》も玉も 何せむに 勝《まさ》れる宝 子にしかめやも

E 山里は 冬ぞさびしさ ⑥まさりける
人目も草も ⑦かれぬと思へば
源宗于《みなもとのむねゆき》

F 思ひつつ 寝《ぬ》ればや⑧人の 見えつらむ
夢と知りせば 覚めざらましを
小野小町《をののこまち》

G ⑨玉の緒《を》よ 絶えなば絶えね ながらへば
忍ぶることの 弱りもぞする
式子内親王《しょくしないしんのう》

4 Dの和歌について答えなさい。

(1) この和歌は、Cの和歌を要約したり補足したりするものです。このような和歌を何といいますか。次から一つ選び、記号で答えなさい。〔5点〕

ア 反歌　**イ** 短歌　**ウ** 長歌　**エ** 旋頭歌《せどうか》

(2) この和歌には、作者のどのような思いが表れていますか。□にあてはまる言葉を書きなさい。〔10点〕

子どもは□である、という思い。

5 Eの和歌について答えなさい。

(1) ――線⑥「まさりける」とはどのような意味ですか。〔8点〕

(2) よく出る ――線⑦「かれぬ」は掛詞《かけことば》になっています。一つは「草が枯れる」、もう一つは「人目がかれる」ですが、「人目がかれる」とはどのような意味ですか。次から一つ選び、記号で答えなさい。〔7点〕

ア 外で遊ぶ子がいなくなる。
イ 見ている人がいなくなる。
ウ 家の人が早く寝てしまう。
エ 訪れる人が途絶えてしまう。

漢字も読もう！　①袖　②踏む
←答えは左ページ

1 ――線①「すだれ動かし」とありますが、作者は、初め何がすだれを動かしたと思ったのですか。また、実際は何がすだれを動かしたのですか。 4点×2〔8点〕

初め
実際

2 Bの和歌について答えなさい。

(1) ――線②「多摩川にさらす手作り」は「さらさらに」を導くための言葉です。このような言葉を何といいますか。次から一つ選び、記号で答えなさい。〔5点〕

ア 枕詞《まくらことば》　**イ** 掛詞《かけことば》　**ウ** 序詞《じょことば》　**エ** 縁語《えんご》

(2) ――線③「ここだかなしき」を、現代語に直しなさい。〔8点〕

3 Cの和歌について答えなさい。

(1) ――線④「まなかひに」を、現代語に直しなさい。〔8点〕

(2) ――線⑤「安眠しなさぬ」とありますが、なぜ安眠できないのですか。次から一つ選び、記号で答えなさい。〔8点〕

ア 空腹でたまらないから。
イ 子どもが騒がしいから。
ウ 忙しくて寝る暇がないから。
エ 子どもの姿が思い浮かぶから。

6 Fの和歌について答えなさい。

(1) よく出る この和歌は、何句切れですか。区切れがない場合は、「なし」と書きなさい。また、リズムは何調ですか。 4点×2〔8点〕

句切れ
リズム　調

(2) ――線⑧「人」とありますが、ここではどのような人を指していますか。簡潔に書きなさい。〔5点〕

7 Gの和歌について答えなさい。

(1) やや難 ――線⑨「玉の緒よ」を現代語に直しなさい。〔5点〕

(2) この和歌の「絶え」「ながらへ」「弱り」は、「緒」と関連のある言葉です。このような言葉を何といいますか。次から一つ選び、記号で答えなさい。〔5点〕

ア 枕詞　**イ** 掛詞　**ウ** 序詞　**エ** 縁語

(3) よく出る この和歌には、作者のどのような思いが表れていますか。次から一つ選び、記号で答えなさい。〔10点〕

ア 恋人に残された命が短いことを嘆き悲しむ思い。
イ 恋に生きた自分の人生に深く満足する思い。
ウ 人目を忍ぶ恋の苦しさに耐え切れなくなる思い。
エ 去って行こうとする恋人に愛想が尽きる思い。

漢字で書こう！　①そで　②ふ(む)
答えは右ページ➡

風景と心情——漢詩を味わう——

確認

◇漢詩は、絶句と律詩の二種類に分けられ、それぞれに五言《ごん》詩と七言詩とがある。また、それらの形式に応じて、韻を踏んだり対句にしたりするきまりがある。

5分間攻略ブック p.9／p.18

テストに出る！

ココが要点

漢詩の形式 句数(＝行数)と、一句の文字数に着目。

- 絶句(四句でできている詩)
  - 一句が五字 → 五言《ごん》絶句
  - 一句が七字 → 七言絶句
- 律詩(八句でできている詩)
  - 一句が五字 → 五言律詩
  - 一句が七字 → 七言律詩

漢詩の表現

- 押韻《おういん》…句末に、同じ響きの音(韻)をもつ字を用いること。
  - 原則として、偶数句末で韻を踏む。
  - 七言詩の場合は、さらに第一句末も韻を踏む。
- 対句《ついく》…律詩は、三句めと四句め、五句めと六句めを、対にする。絶句には対句のきまりなし。

例題 絶句・律詩

A 黄鶴楼《くわうかくろう》にて孟浩然《まうかうねん》の広陵《くわうりよう》に之《ゆ》くを送る　李白《りはく》

①故人　西のかた黄鶴楼を辞し
煙花《えんくわ》三月　揚州《やうしう》に下る
②孤帆《こはん》の遠影《ゑんえい》　碧空《へきくう》に尽き
惟《た》だ見る　長江《ちやうかう》の天際に流るるを

故人西ノカタ辞シ二黄鶴③楼ヲ一
煙花三月下ル二揚州ニ一
孤帆ノ遠影碧空ニ尽キ
惟ダ見ル長江ノ天際ニ流ルルヲ

1 よく出る ——線①の意味を選びなさい。

ア 亡《な》くなった知人
イ 古くからの友人
ウ 年を取った詩人

2 ——線②に乗っているのは誰ですか。名前を書きなさい。
(　　　)

3 ——線③のほかに、Aの漢詩で押韻《おういん》している字を二つ抜き出しなさい。
□ □

答えと解説

1 イ

✎ここでは具体的に**孟浩然を指している。**李白と孟浩然は、詩人どうし親しく交際していた。

2 孟浩然

✎孟浩然の乗った舟が青空に吸い込まれるように遠ざかっていく情景を、李白はずっと見つめている。

3 州・流

✎Aは七言《ごん》詩なので、**偶数句末に加えて、第一句末も押韻**している。「楼(ロウ)」「州(シュウ)」「流(リュウ)」は、同じ響きをもつ。

漢字を読もう！　①冠　②称す　③叙事
←答えは左ページ

B 春《しゅん》望《ぼう》　杜《と》甫《ほ》

④**国破れて**　山河《さんが》在り
城春にして　草木深し
時に感じては　花にも涙を濺《そそ》ぎ
別れを恨んでは　鳥にも心を驚かす
⑤**烽火《ほうくわ》　三月《さんげつ》に連なり**
家書　万金《ばんきん》に抵《あ》たる
白頭　掻《か》けば更に短く
渾《す》べて簪《しん》に勝《た》へざらんと欲《ほっ》す

国破レテ山河在リ
城春ニシテ草木深シ
⑥感ジテハ㆑時ニ花ニモ濺ギ㆑涙ヲ
恨ンデハ㆑別レヲ鳥ニモ驚カス㆑心ヲ
烽火連ナリ㆓三月ニ㆒
家書抵タル㆓万金ニ㆒
白頭掻ケバ更ニ短ク
渾ベテ欲ス㆑不《ざ》ラント㆑勝ヘ㆑簪ニ

〔「風景と心情――漢詩を味わう――」による〕

4 よく出る　――線④は、どのような意味ですか。選びなさい。

ア　長安《ちょうあん》の秩序は破壊されて
イ　外国との戦いに負けて
ウ　美しい自然は失われて

（　　）

5　――線⑤は、どのようなことを表していますか。

□□ が、□□□ も続いていること。

6　――線⑥と対句になっている句は、第何句ですか。漢数字を書きなさい。

第□句

7 よく出る　A・Bの漢詩の形式を、それぞれ選びなさい。

ア　五言絶句
イ　五言律詩
ウ　七言絶句
エ　七言律詩

A（　　）　B（　　）

4　ア

「国」は、国都であった長安を指す。当時の中国国内は、安史《あんし》の乱によって、大きく乱れていた。

5　例戦乱・三か月

杜甫自身も、反乱軍にとらえられ、家族と会えない境遇《きょうぐう》に置かれていた。この詩には、**戦乱への憤《いきどお》り、国の将来への不安、家族との別離の悲しみ、自身の老いへの嘆きなど、**さまざまな思いがこめられている。

6　四

対句になっている句は、**返り点が同じ位置につく。**

7　A ウ　B イ

Aは**七字×四句なので、七言絶句。**Bは**五字×八句なので、五言律詩となる。**教科書にある「春暁《しゅんぎょう》」「翠《すい》嶺《しん》を下る」は、いずれも五字×四句で、五言絶句となる。

漢字で書こう！　①かんむり　②しょう（す）　③じょじ
答えは右ページ➡

テストに出る!
予想問題

解答 p.8　30分　/100点

1 次の漢詩を読んで、問題に答えなさい。

春望《しゆんばう》　杜甫《とほ》

国破れて　山河《さんが》在り
城春にして　草木深し
①時に感じては　花にも涙を濺《そそ》ぎ
②別れを恨んでは　鳥にも心を驚かす
烽火《ほうくわ》　三月《さんげつ》に連なり
家書　万金《ばんきん》に抵《あ》たる
白頭　搔《か》けば更に短く

国破レテ山河在リ
城春ニシテ草木深シ
感ジテハレ時ニ花ニモ濺ギレ涙ヲ
恨ンデハレ別レヲ鳥ニモ驚カスレ心ヲ
烽火連ナリ二三月ニ一
家書抵タル二万金ニ一
白頭搔ケバ更ニ短ク
③渾《す》ベテ欲《ほっ》スレ不《ざ》ラントレ勝《た》ヘレ簪《しん》ニ

〔「風景と心情――漢詩を味わう――」による〕

1 よく出る この漢詩の形式を、漢字四字で書きなさい。〔5点〕

2 対句となっている句を、漢数字で三組書きなさい。3点×3〔9点〕

句と　句
句と　句
句と　句

3 よく出る 押韻《おういん》している字を漢詩から全て抜き出しなさい。完答〔5点〕

2 次の漢詩を読んで、問題に答えなさい。

黄鶴楼《くわうかくろう》にて孟浩然《まうかうねん》の広陵《くわうりよう》に之《ゆ》くを送る　李白《りはく》

①故人　②西のかた黄鶴楼を辞し
煙花《えんくわ》三月　揚州《やうしう》に下る
④孤帆《こはん》の遠影《ゑんえい》　碧空《へきくう》に尽き
⑤惟《た》だ見る　長江《ちやうかう》の天際に流るるを

故人西ノカタ辞シ二黄鶴楼ヲ一
煙花三月③下揚州
孤帆ノ遠影碧空ニ尽キ
惟ダ見ル長江ノ天際ニ流ルルヲ

〔「風景と心情――漢詩を味わう――」による〕

1 よく出る この漢詩の形式を、漢字四字で書きなさい。〔5点〕

2 この詩のように四句で構成されている漢詩に由来する、文章の展開の仕方を何といいますか。漢字四字で書きなさい。〔5点〕

3 この漢詩の、Ⅰ…季節と、Ⅱ…その季節を表している言葉を五字以内で抜き出しなさい。3点×2〔6点〕

Ⅰ
Ⅱ

4 ――線①「故人」について答えなさい。

(1) 「故人」とは誰のことを指していますか。〔3点〕

漢字を読もう!　①秩序　②奔放　③放浪
←答えは左ページ

4 第一句・第二句では、どのようなことを表していますか。□にあてはまる言葉をそれぞれ漢字二字で書きなさい。3点×2〔6点〕

ⓐ□が築いた秩序《ちつじょ》は崩れてしまったが、ⓑ□は変わらぬ姿であり続けていること。

5 ――線①「時に感じては」とは、どのような意味ですか。次から一つ選び、記号で答えなさい。〔5点〕

ア 時間の過ぎる速さを実感しては
イ 悲惨な時勢に心を痛めては
ウ 時おり昔のことを思い出しては
エ 時代の移り変わりに感心しては

6 やや難 ――線②「別れ」とは、誰との別れを指していますか。漢字二字で書きなさい。〔5点〕

7 ――線③「渾ベテ欲スレ不ラントレ勝ヘレ簪ニ」を、書き下し文に直しなさい。〔5点〕

8 よく出る この詩にこめられた作者の心情として適切でないものを次から一つ選び、記号で答えなさい。〔10点〕

ア 人間の営みに対するむなしさ。
イ 鳥や花に出会えない寂しさ。
ウ 家族と会うことのできない悲しみ。
エ 不条理な戦乱に対する憤《いきどお》り。

---

(2) 「故人」はどこへ向かおうとしているのですか。〔3点〕

(1)
(2)

5 ――線②「西のかた」には何があるのですか。次から一つ選び、記号で答えなさい。〔5点〕

ア 黄鶴楼　**イ** 揚州
ウ 碧空　**エ** 長江

6 ――線③「下揚州」に、上の書き下し文を参考にして、返り点と送り仮名をつけなさい。〔5点〕

下　揚　州

7 やや難 ――線④「孤帆の遠影　碧空に尽き」とは、何がどのようになる情景を表していますか。〔10点〕

8 よく出る ――線⑤「惟だ見る　長江の天際に流るるを」から、作者のどのような心情が読み取れますか。次から一つ選び、記号で答えなさい。〔8点〕

ア 長江の雄大《ゆうだい》な情景に、友の明るい未来を予感している。
イ 長江の美しい情景に、友と別れた寂しさを紛らわせている。
ウ 友が去った長江の情景に、悲しみと孤独感を深めている。
エ 常に変わらぬ長江の情景に、自然の偉大さを感じている。

漢字で書こう！　①ちつじょ　②ほんぽう　③ほうろう
答えは右ページ➡

最後の一句

テストに出る！

ココが要点

いちの最後の一句（教 p.152～p.154）▶予想問題

いちの最後の言葉が、役人たちの心を突き刺す。

● いち…「お上《かみ》のことにはまちがいはございますまいから。」

● 佐佐《ささ》…父を救おうとするいちの献身の心に、驚愕《きょうがく》すると同時に、役人に対するいちの反抗を感じ取り、憎悪《ぞうお》を抱く。

主題

◆父の身代わりを願い出たいちの、父に対する一途《いちず》な献身と役人に対する反抗は、奉行所《ぶぎょうしょ》の役人である佐佐《ささ》の心に、驚愕《きょうがく》と憎悪《ぞうお》をもたらした。

5分間攻略ブック p.9

テストに出る！

予想問題

解答 p.8　30分　/100点

1 次の文章を読んで、問題に答えなさい。

この時佐佐《ささ》が書院の敷居際《ぎわ》まで進み出て、「①いち。」と呼んだ。

「はい。」

「おまえの申し立てにはうそはあるまいな。もし少しでも申したことにまちがいがあって、人に教えられたり、相談をしたりしたのなら、今すぐに申せ。②隠して申さぬと、そこに並べてある道具で、誠のことを申すまで責めさせるぞ。」佐佐は責め道具のある方角を指さした。

いちはさされた方角をひと目見て、少しもたゆたわずに、「いえ、申したことにまちがいはございません。」と言い放った。その目は冷ややかで、その言葉は静かであった。

「そんなら今一つおまえに聞くが、身代わりをお聞き届けになると、おまえたちはすぐに殺されるぞよ。父の顔を見ることはでき

(2) よく出る ――線①「いち」は、どのような少女ですか。次から一つ選び、記号で答えなさい。〔10点〕

ア 物静かで気が優しく、従順な少女。
イ 物静かだが気が強く、我がままな少女。
ウ 冷酷で計算高く、情け知らずの少女。
エ 冷静で意志が強く、理知的な少女。

□

(3) 「いち」は、どのようなことを願い出ているのですか。〔15点〕

□ となり自分たちが死罪となること。

2 ――線②「隠して申さぬと……責めさせるぞ。」とありますが、それを聞いたときの「いち」の気持ちを次から一つ選び、記号で答えなさい。〔10点〕

ア 佐佐の言葉に恐怖を感じたが、気づかれないように平静でいようという気持ち。
イ 自分の申し立てにまちがいはないのに、なぜ佐佐が責めようとするのか疑問に思う気持ち。
ウ 自分の行為に確信をもっているので、たとえ責められたとしてもゆるがないという気持ち。
エ 佐佐が本当のことを見抜いているのではないかと焦《あせ》り、なんとか隠し通そうという気持ち。

□

漢字も読もう！ ①慕う　②詰め所　③唇
←答えは左ページ

ぬが、それでもいいか。」

「よろしゅうございます。」と、同じような、冷ややかな調子で答えたが、少し間《ま》をおいて、何か心に浮かんだらしく、「③お上《かみ》のことにはまちがいはございますまいから。」と言い足した。

佐佐の顔には、④不意打ちにあったような、驚愕《きょうがく》の色が見えたが、それはすぐに消えて、険しくなった目が、いちの面《おもて》に注がれた。憎《ぞう》悪《お》を帯びた驚異の目とでも言おうか。しかし佐佐は何も言わなかった。

次いで佐佐は何やら取り調べ役にささやいたが、まもなく取り調べ役が町年寄《まちどしより》に、「⑤ご用が済んだから、引き取れ。」と言い渡した。

白州を下がる子どもらを見送って、佐佐は太田《おおた》と稲垣《いながき》とに向いて「生《お》い先の恐ろしい者でござりますな。」と言った。心のうちには、哀れな孝行娘の影も残らず、人に教唆せられた、愚かな子どもの影も残らず、ただ氷のように冷ややかに、刃《やいば》のように鋭い、いちの最後の言葉の⑥最後の一句が反響しているのである。元文《げんぶん》頃の徳川《とくがわ》家の役人は、もとより「マルチリウム」という洋語も知らず、また当時の辞書には献身という訳語もなかったので、人間の精神に、老若男女《ろうにゃくなんにょ》の別なく、罪人太郎兵衛《たろべえ》の娘に現れたような⑦作用があることを、知らなかったのは無理もない。しかし献身のうちに潜む反抗の矛先は、いちと言葉を交えた佐佐のみではなく、書院にいた役人一同の胸をも刺した。

〔森《もり》 鷗外《おうがい》「最後の一句」による〕

1 ――線①「いち」について答えなさい。

(1) 「いち」の父親の名前は何ですか。〔10点〕

3 やや難 ――線③「お上のこと」とは、どのようなことを指していますか。〔10点〕

お上の［　　］。

4 よく出る ――線④「不意打ちにあったような、驚愕の色が見えた」とありますが、佐佐を動揺させたのは、いちのどのような心情を感じ取ったからですか。次の［　］にあてはまる言葉を文章中から抜き出しなさい。〔15点〕

いちの言葉の中に、お上に対する［　　］を感じ取ったから。

5 よく出る ――線⑤「ご用が済んだから、引き取れ。」とありますが、取り調べ後、佐佐はいちをどのような人物と見なしましたか。次から一つ選び、記号で答えなさい。〔10点〕

ア 理解しがたい末恐ろしい人物。
イ 親孝行で感心な人物。
ウ 考えが幼稚で愚かな人物。
エ 自分勝手で手に負えない人物。

6 ――線⑥「最後の一句」とありますが、どの言葉を指しますか。〔10点〕

7 ――線⑦「作用」とありますが、ここではどのような行為を指しますか。文章中から二字で抜き出しなさい。〔10点〕

漢字で書こう！　①した(う)　②つ(め)しょ　③くちびる

答えは右ページ➡

教科書 p.160～p.161／p.162／p.276～p.278

漢字の広場3　異字同訓
言葉の小窓3　慣用句・ことわざ

確認

◇異字同訓は同じ訓読みでも意味や使い方が異なる漢字。
◇慣用句は全体で特定の意味を表す言葉。
◇ことわざは古くからの口調のよい教訓的な言葉。

5分間攻略ブック p.11

テストに出る！ **ココが要点**

漢字の広場3　異字同訓

●**異字同訓**…同じ訓読みでも**意味**や**使い方**が異なる漢字。

・異字同訓それぞれの意味には、**よく似たもの**がみられる。

例　運転手が**替わる**。年度が**変わる**。

↓漢字が中国から日本に入ってきたとき、もともと日本にあった言葉に、**漢字として意味の近いもの**をあてはめた。

・異字同訓で**言葉の歴史を知る手がかり**が得られる。

テストに出る！ **ココが要点**

言葉の小窓3　慣用句・ことわざ

●**慣用句**…文字どおりの意味でなく、**全体で特定の意味を表す言葉**。

例　重い荷物を棚に上げる。↓実際にあること。

例　彼は自分のことを棚に上げて人の批判ばかりだ。↓**慣用句**

・**人の体の部分**を表す言葉を含んだものが多い。

例　弟の良い成績に母も**鼻が高い**。

●**ことわざ**…古くから言いならわされた、**口調のよい教訓的な言葉**。

例　**泣き面《つら》に蜂**…不運や不幸は重なるものだという意味。

例　**帯に短したすきに長し**…中途半端《はんぱ》で役に立たないもの。

テストに出る！ **予想問題**

解答 p.9　20分　100点

1　漢字の広場3　異字同訓

次の――線の漢字は間違っています。正しい漢字を書きなさい。　4点×4〔16点〕

① 人に道を訪ねる。
② 案を会議に計る。
③ 入会を進める。
④ 風香る五月。

2　よく出る　次の――線を漢字に直しなさい。　5点×6〔30点〕

漢字を読もう！　①休憩　②翻弄　③逝去

① 患者の脈をみる。
② 窓の外をみる。
③ 雑巾をしぼる。
④ 牛の乳をしぼる。
⑤ 身長がのびる。
⑥ 寿命がのびる。

3　言葉の小窓3　慣用句・ことわざ

次の慣用句の□には、体の部分を表す言葉が入ります。それぞれ漢字一字で書きなさい。　5点×6〔30点〕

例題

1 ――線の漢字として正しいものを選びなさい。

① あたたかいスープ。（　）
② あたたかい春の日。（　）
ア 温　**イ** 暖

③ 朝はやく起きる。（　）
④ 誰よりもはやく走る。（　）
ア 早　**イ** 速

2 □にあてはまる、体の部分を表す言葉を選びなさい。

① 子犬のいたずらに□を焼く。（　）
② 力が強いことを□にかける。（　）
③ 相手は強敵で□が立たない。（　）
④ 容疑者がやっと□を割った。（　）

ア 鼻　**イ** 歯　**ウ** 口　**エ** 手

3 □にあてはまる、生き物の名前を選びなさい。

① 月と□（　）
② □も木から落ちる（　）
③ えびで□を釣る（　）

ア 猿　**イ** すっぽん　**ウ** たい

答えと解説

1 ①ア　②イ　③ア　④イ

①②**液体の温度**には「**温**」、**気温**には「**暖**」を使う。③④**時間**には「**早**」、**スピード**には「**速**」を使う。

2 ①エ　②ア　③イ　④ウ

①「**手を焼く**」で手段がなくて困るという意味。③「**歯が立たない**」でかなわないという意味。④「**口を割る**」で打ち明ける、白状するという意味。

3 ①イ　②ア　③ウ

②その道に優れた者でも失敗があるという意味。③少しの労力で大きな利益を得るという意味。

---

① 突然の知らせを聞いて、一瞬□を疑った。
② 新しく始まる生活に、□が躍る。
③ 喉から□が出るほど欲しい。
④ □を棒にして、迷子を捜した。
⑤ チョコレートには□がない。
⑥ チームが優勝して、監督として□が高い。

①	③	⑤
②	④	⑥

4 よく出る **意味が正しいほうを選び、記号で答えなさい。** 4点×3〔12点〕

① 情けは人のためならず
ア 人に情けをかけると、その人のためにならない。
イ 人に情けをかけると、自分によい報いが返ってくる。

② 青菜に塩
ア 元気をなくしている。
イ 生き生きとしている。

③ 火に油を注ぐ
ア あえて危険な行動をとる。
イ さらに勢いを加える。

①（　）②（　）③（　）

5 やや難 **次のことわざのうち、似た意味のものの記号を三組選び、記号を書きなさい。** 4点×3〔12点〕

① 医者の不養生
② かっぱの川流れ
③ 紺屋《こうや》の白袴《しろばかま》
④ 弘法《こうぼう》にも筆の誤り
⑤ ぬかに釘《くぎ》
⑥ のれんに腕押し

（　）（　）（　）

漢字で書こう！　①きゅうけい　②ほんろう　③せいきょ
答えは右ページ➡

教科書 p.166～p.171

俳句の味わい／俳句十五句

確認

◇俳句は世界で最も短い定型詩。五・七・五の三句十七音からなり、季語を一つよみこむきまりがある。
◇切れ字は作者の感動を表し、句切れをつくる。

5分間攻略ブック p.18

テストに出る！

ココが要点

俳句とは 五・七・五の三句十七音でつくられる短詩型文学

● **句切れ**…言葉のつながりや意味の切れめ。
・初句切れ（初句の直後）　・中間切れ（二句の途中）
・二句切れ（二句の直後）　・句切れなし（切れめがない）

● **切れ字**…句の表現をいったん切り、余情や感動を表す。
・「や」「かな」「けり」「ぞ」「ぬ」「ず」など。
・切れ字が現れたところは、必ず句切れとなる。

● **季語**…俳句によみこむ、季節を表す言葉。一句一つが原則。
・季語を季節ごとに分類した書物…「歳時記」
・定型や季語などのきまりにとらわれない句…自由律俳句

例題　俳句六句

A　春の浜大いなる輪が画《か》いてある　高浜《たかはま》虚子《きょし》
B　木の葉ふりやまずいそぐないそぐなよ　加藤《かとう》楸邨《しゅうそん》
C　戦争が廊下の奥に立つてゐた　渡辺《わたなべ》白泉《はくせん》
D　蛍獲《え》て少年の指みどりなり　山口《やまぐち》誓子《せいし》
E　卒業の兄と来てゐる堤かな　芝《しば》不器男《ふきお》
F　この道しかない春の雪ふる　種田《たねだ》山頭火《さんとうか》

〔「俳句十五句」による〕

テストに出る！

予想問題

解答 p.9

20分　100点

次の俳句を読んで、問題に答えなさい。

A　夏草やベースボールの人遠し　正岡《まさおか》子規《しき》
B　渡り鳥みるみるわれの小《ち》さくなり　上田《うえだ》五千石《ごせんごく》
C　万緑の中や吾子《あこ》の歯生え初むる　中村《なかむら》草田男《くさたお》
D　おおかみに螢《ほたる》が一つ付いていた　金子《かねこ》兜太《とうた》
E　ものの種にぎればいのちひしめける　日野《ひの》草城《そうじょう》
F　泥鰌《どじょう》浮いて鯰《なまず》も居るというて沈む　永田《ながた》耕衣《こうい》
G　よし分《わか》った君はつくつく法師である　池田《いけだ》澄子《すみこ》

〔「俳句の味わい」「俳句十五句」による〕

1　よく出る　Aの俳句の中から切れ字を抜き出しなさい。〔4点〕

2　A～Gの俳句の中で、中間切れとなっている句を一つ選び、記号で答えなさい。〔5点〕

3　やや難　A～Gの俳句の季語を抜き出し、その季節も書きなさい。

漢字を読もう！　①瞬間　②絶滅　③骨髄
←答えは左ページ

1 A・B・Dの俳句の、季語と季節を書きなさい。

A 季語…（　　）季節…（　　）

B 季語…（　　）季節…（　　）

D 季語…（　　）季節…（　　）

2 よく出る Cの俳句は、何句切れですか。選びなさい。

ア 初句切れ

イ 二句切れ

ウ 句切れなし

（　　）

3 Eの俳句の切れ字を書きなさい。

（　　）

4 Fの俳句のように、五・七・五の定型などのきまりにとらわれない句を、何と言いますか。五字で書きなさい。

答えと解説

1 A 季語…春の浜 季節…春

B 季語…木の葉 季節…冬

D 季語…蛍 季節…夏

季語によって、季節のイメージが豊かに広がる。

2 ウ

この句は切れ字もなく、句が切れるところのない**句切れなし**の句である。

3 かな

切れ字があるとそこで句切れとなるので、**Eは句切れなし**の句となる。

4 自由律俳句

Fの句の作者、種田山頭火は、放浪生活を続けながら、多くの自由律俳句をよんでいる。

4 よく出る 次の①～⑦の鑑賞文は、A～Gのどの俳句について述べたものですか。あてはまるものを一つずつ選び、記号を書きなさい。

5点×7〔35点〕

① 大きな強い生き物と、小さな儚《はかな》い生き物とが触れ合っている不思議で幻想的な光景をよんでいる。

② 農村の沼を見てよまれた、非現実的でユーモラスな句である。

③ 草が生い茂っているその向こうから楽しそうな声がするのを聞いて、元気だったころの自分を思い出している。

④ 子どもの成長を喜ぶ気持ちを、色彩豊かな表現で表している。

⑤ 何度も同じ鳴き方をする鳴き声に、半ばうんざりして苦笑いしているような作者の顔が目に浮かぶ句である。

⑥ 種に触って感じた命のエネルギーに対する感動をよんでいる。

⑦ いつのまにか、自分が見ている生き物から自分を見ている情景に視点が切り替わっている不思議な句である。

①	②	③	④

⑤	⑥	⑦

4点×14〔56点〕

	A	B	C	D	E	F	G
季語							
季節							

教科書 p.176～p.177

初恋《はつこひ》

主題

「われ」と「君」とのみずみずしい初恋が、その出会いから順番に時間を追って描かれている。多くの人々に愛唱されてきた、近代の名詩である。

テストに出る！ ココが要点

詩の形式

- 昔の書き言葉で、音数やリズムにきまりのある詩→**文語定型詩**
- 七音＋五音で一行が構成されている。→**七五調**

内容

- 第一連…「君」と「われ」との**出会い**。
- 第二連…**恋**の始まり。
- 第三連…心を通わせ合い、恋の**楽しさ**を知る。
- 第四連…二人で通った林檎《りんご》畠《ばたけ》には、いつのまにか**細道**ができていた。→恋の成就《じょうじゅ》

テストに出る！ 予想問題

解答 p.10　30分　100点

次の詩を読んで、問題に答えなさい。

初恋《はつこひ》　島崎《しまざき》　藤村《とうそん》

①まだあげ初めし前髪の
②林檎《りんご》のもとに見えしとき
前にさしたる花櫛《はなぐし》の
③花ある君と思ひけり

3 ——線①「まだあげ初めし前髪」とは、どういうことを意味していますか。次から一つ選び、記号で答えなさい。〔10点〕

ア　幼い頃から、髪をだいぶ切っていること。
イ　髪を染めたばかりで、色がなじんでいないこと。
ウ　年頃になって、髪を結《ゆ》ったばかりであること。
エ　「われ」と会ってから、髪型を変えたこと。

□

4 よく出る ——線②「林檎」を言いかえた表現を、詩の中から六字で抜き出しなさい。〔10点〕

□□□□□□

5 ——線③「花ある君」とはどういう意味ですか。次から一つ選び、記号で答えなさい。〔10点〕

ア　花櫛をさしている君。
イ　林檎の花を手に持っている君。
ウ　花のようにとても美しい君。
エ　花のようにはかない君。

□

6 ——線④「わがこころなき……かかるとき」とありますが、ここからどのようなことがわかりますか。〔15点〕

二人の距離が、□こと。

漢字を読もう！　①恋　②初める　③髪

やさしく白き手をのべて
林檎をわれにあたへしは
薄紅《うすくれなゐ》の秋の実に
人こひ初めしはじめなり

④わがこころなきためいきの
その髪の毛にかかるとき
たのしき恋の盃《さかづき》を
君が情《なさけ》に酌《く》みしかな

林檎畠《ばたけ》の樹《こ》の下に
おのづからなる細道は
誰《た》が踏みそめしかたみぞと
⑤問ひたまふこそこひしけれ

1 よく出る この詩の形式を次から一つ選び、記号で答えなさい。〔5点〕

ア 口語自由詩　イ 口語定型詩　ウ 口語散文詩
エ 文語自由詩　オ 文語定型詩

2 よく出る この詩のリズムは、「五七調」「七五調」のどちらですか。〔5点〕

7 二人はどこでよく会ったのですか。詩の中から七字で抜き出しなさい。〔10点〕

8 ——線⑤「問ひたまふ」について答えなさい。

(1) 誰が誰に尋ねたのですか。詩の中からそれぞれ抜き出しなさい。5点×2〔10点〕

ⓐ［　　］が ⓑ［　　］に尋ねた。

(2) やや難 何と尋ねたのですか。現代語で書きなさい。〔10点〕

9 よく出る この詩の鑑賞文として適切なものを次から一つ選び、記号で答えなさい。〔15点〕

ア かなうことのなかった苦い恋の記憶を、春の情景に託して描いている。
イ 出会いから恋が高まっていくまでを、文語のリズムでみずみずしくうたっている。
ウ 複雑な恋愛の心理を、多くの比喩表現を用いて見事に分析している。
エ 古典に描かれた恋の情景を、現代を舞台にして新たに書き直している。

漢字で書こう!　①こい　②そ(める)　③かみ
答えは右ページ➡

教科書 p.180〜p.196／p.204〜p.205

故郷
漢字の広場4　四字熟語

主題

◇二十年ぶりに帰った故郷の変わり果てた姿に失望した「私」は、かすかな希望を胸に再び故郷をあとにする。
◇四字熟語の多くは、二字熟語が二つ合わさっている。

⇨5分間攻略ブック p.13／p.14

テストに出る！ **ココが要点**

閏土《ルントー》との再会（教 p.188〜p.190）➤予想問題

●閏土……子どもの頃とは別人のような、打ちひしがれた姿。
●「私」…再会に感激するが、変わり果てた姿に戸惑う。
●閏土……喜びと寂しさが顔に現れる。「私」を、「迅《シュン》ちゃん」ではなく「旦那様」と呼ぶ。
●「私」…身分や境遇による隔絶を感じ、衝撃を受ける。

故郷からの旅立ち（教 p.192〜p.194）➤例題

●「私」と閏土…隔絶してしまった。
●宏児《ホンル》と水生《シュイション》…若い世代は、今でも心が通い合っている。
●「私」の希望…隔絶しない、新しい生活をもってほしい。
→希望とは、地上の道のようなもの。多くの人が求めれば実現する。

例題　故郷からの旅立ち

母と宏児《ホンル》とは寝入った。

私も横になって、船の底に水のぶつかる音を聞きながら、今、自分は、自分の道を歩いているとわかった。思えば①**私と閏土《ルントー》との距離は全く遠くなった**が、若い世代は今でも心が通い合い、現に宏児は水生《シュイション》のことを慕っている。せめて彼らだけは、私と違って、互いに隔絶することのないように……とはいっても、彼らが一つ心でいたいがために、私のように、無駄の積み重ねで魂をすり減らす生活をともにすることは願わない。また閏土のように、打ちひしがれて心がまひする生活をともにすることも願わない。また他の人のように、やけを起こしてのほうずに走る生活をともにすること

1 ――線①とはどういうことですか。
「私」と閏土との間は、互いに［　　］してしまったということ。

2 ――線②は誰を指していますか。
（　　　　）

3 よく出る ――線③とありますが、「私たち」の世代は、どのような生活を経験したのですか。

答えと解説

1 隔絶
✎少しあとに「せめて彼らだけは、……**隔絶することのないように**」とあることに着目する。

2 例宏児と水生（若い世代）
✎「私」は若い世代の宏児たちに、**新しい生活**を築いてほしいという希望を抱いている。

3 ・無駄の積み重ねで魂をすり減らす生活

漢字を読もう！　①境遇　②帽子　③雇う
←答えは左ページ

も願わない。希望をいえば、②彼らは新しい生活をもたなくてはならない。③**私たちの経験しなかった新しい生活**を。

希望という考えが浮かんだので、私はどきっとした。たしか閏土が香炉と燭台《しょくだい》を所望《しょもう》した時、私はあい変わらずの偶像崇拝《すうはい》だな、いつになったら忘れるつもりかと、心ひそかに彼のことを笑ったものだが、今私のいう希望も、やはり手製の偶像にすぎぬのではないか。④**ただ彼の望むものはすぐ手に入り、私の望むものは手に入りにくいだけだ。**

まどろみかけた私の目に、海辺の広い緑の砂地が浮かんでくる。その上の紺碧《こんぺき》の空には、金色の丸い月がかかっている。思うに希望とは、もともとあるものとも言えぬし、ないものとも言えない。それは地上の道のようなものである。もともと地上には道はない。⑤**歩く人が多くなれば、それが道になるのだ。**

〔魯《ろ》迅《じん》《ルーシュン》／竹内《たけうち》好《よしみ》訳「故郷」による〕

（　　　　）

（　　　　）

（　　　　）

4 よく出る ——線④について答えなさい。

(1) A「彼の望むもの」、B「私の望むもの」は、それぞれ何を指していますか。

A（　　　　）

B（　　　　）

(2) AとBの共通点は何だと考えられますか。

どちらも（　　　　）にすぎないということ。

5 よく出る ——線⑤はどういう意味ですか。

多くの人が（　　　　）を信じ努力すれば、いつか実現するということ。

・打ちひしがれて心がまひする生活

・やけを起こしてのほうずに走る生活

このような生活を若い世代が「ともにすることは(も)願わない」と繰り返し述べている。

4 (1) A…香炉と燭台

B…希望(新しい生活)

(2) 偶像

ここでの「偶像」とは「信仰やあこがれの対象となるもの」を意味する。閏土の欲しがる「香炉と燭台」も「私」の求める「希望」も、独りよがりにすぎないのではないかと思った「私」は「**どきっとした**」のだ。

5 希望(新しい生活)

「希望」の実現を「地上の道」にたとえている。「私」の希望する「新しい生活」は今はどこにもないが、**多くの人がそれを願い歩んでいけば、実現も不可能ではない**という「私」の思いを表している。

漢字で書こう! ①きょうぐう　②ぼうし　③やと(う)

答えは右ページ➡

テストに出る！ 予想問題

1 次の文章を読んで、問題に答えなさい。

解答 p.10　30分　100点

ある寒い日の午後、私は食後の茶でくつろいでいた。表に人の気配がしたので、振り向いてみた。思わずアッと声が出かかった。急いで立ち上がって迎えた。

来た客は閏土《ルントー》である。ひと目で閏土とわかったものの、①その閏土は、私の記憶にある閏土とは似もつかなかった。背丈は倍ほどになり、昔の艶《つや》のいい丸顔は、今では黄ばんだ色に変わり、しかも深いしわがたたまれていた。目も、彼の父親がそうであったように、周りが赤く腫れている。私は知っている。海辺で耕作する者は、一日中潮風に吹かれるせいで、よくこうなる。頭には古ぼけた毛織りの帽子、身には薄手の綿入れ一枚、全身ぶるぶる震えている。紙包みと長いきせるを手に提げている。その手も、私の記憶にある血色のいい、まるまるした手ではなく、太い、節くれだった、しかもひび割れた、松の幹のような手である。

私は感激で胸がいっぱいになり、しかしどう口をきいたものやら思案がつかぬままに、ひと言、

「ああ、閏《ルン》ちゃん――よく来たね……。」

続いて言いたいことが、あとからあとから、数珠《じゅず》つなぎになって出かかった。角鶏《チアオチー》、跳ね魚、貝殻、猹《チャー》……だがそれらは、②何かでせき止められたように、頭の中を駆《か》けめぐるだけで、口からは出なかった。

彼は突っ立ったままだった。③喜びと寂しさの色が顔に現れた。

1 ――線①「その閏土は、私の記憶にある閏土とは似もつかなかった」について答えなさい。

(1) 「私の記憶にある閏土」の様子がわかる表現を、文章中から二つ抜き出しなさい。　8点×2〔16点〕

(2) 現在の閏土の姿から、どのような暮らしぶりが読み取れますか。次から一つ選び、記号で答えなさい。　〔8点〕

ア　貧しいながらも、充実した日々を送っている。
イ　長年厳しい労働を続けていて、生活は苦しい。
ウ　穏《おだ》やかに年を重ね、家族とのんびり暮らしている。
エ　遊んでばかりいた結果、すっかり落ちぶれている。

2 よく出る ――線②「何かで……出なかった」とありますが、このときの「私」の心情を次から一つ選び、記号で答えなさい。　〔10点〕

ア　閏土への懐《なつ》かしさと、思い出が尽きないことへの驚き。
イ　変わり果てた閏土への失望と、貧しい暮らしへの嫌悪《けんお》。
ウ　何から話そうかという迷いと、身分の違う閏土への優越。
エ　閏土と再会できた喜びと、変わり果てた姿への戸惑い。

3 よく出る ――線③「喜びと寂しさの色が顔に現れた。」とありますが、閏土は、どのようなことに対してⅠ…「喜び」とⅡ…「寂しさ」を感じたのですか。それぞれ書きなさい。　10点×2〔20点〕

漢字を読もう！　①渇く　②英雄　③鶏
←答えは左ページ

唇が動いたが、声にはならなかった。最後に、恭《うやうや》しい態度に変わって、はっきりこう言った。

「旦那《だんな》様！……。」

④私は身震いしたらしかった。⑤悲しむべき厚い壁が、二人の間を隔ててしまったのを感じた。私は口がきけなかった。

彼は後ろを向いて、「水生《シュイション》、旦那様にお辞儀しな。」と言って、彼の背に隠れていた子どもを前へ出した。これぞまさしく三十年前の閏土であった。いくらか痩せて、顔色が悪く、銀の首輪もしていない違いはあるけれども。「これが五番めの子でございます。世間へ出さぬものですから、おどおどしておりまして……。」

母と宏児《ホンル》が二階から降りてきた。話し声を聞きつけたのだろう。

「ご隠居様、お手紙は早くにいただきました。全く、うれしくてたまりませんでした、旦那様がお帰りになると聞きまして……。」

と閏土は言った。

「まあ、なんだってそんな、他人行儀にするんだね。おまえたち、昔は兄弟の仲じゃないか。昔のように、迅《シュン》ちゃん、でいいんだよ。」

と母は、うれしそうに言った。

「めっそうな、ご隠居様、なんとも……とんでもないことでございます。あの頃は子どもで、なんのわきまえもなく……。」そしてまたも水生を前に出してお辞儀させようとしたが、子どもははにかんで、父親の背にしがみついたままだった。

〔魯迅《ろじん》《ルーシュン》／竹内好《たけうちよしみ》訳「故郷」による〕

Ⅰ ［　　］

Ⅱ ［　　］

4 ――線④「私は身震いしたらしかった。」には、「私」のどのような心情が表れていますか。次から一つ選び、記号で答えなさい。〔10点〕

ア 昔とは違う謙虚な閏土の態度に感動している。
イ 親しみを表さない閏土に反感を覚えている。
ウ 思いがけない閏土の言葉に強い衝撃を受けている。
エ 本心を見せようとしない閏土を恐ろしく思っている。

［　　］

5 やや難 ――線⑤「悲しむべき厚い壁」とは、何をたとえたものですか。〔10点〕

「私」と閏土との［　　］。

6 子どもの頃の「私」と閏土との間柄を表した言葉を、文章中から四字で抜き出しなさい。〔8点〕

［　　　　］

2 次の言葉と組み合わせて四字熟語になるものを、あとから一つずつ選び、記号で答えなさい。3点×6〔18点〕

① 四苦　② 四面　③ 取捨
④ 喜怒　⑤ 千差　⑥ 自業《ごう》

ア 万別　**イ** 自得　**ウ** 哀楽
エ 楚歌《そか》　**オ** 八苦　**カ** 選択

①	②	③
④	⑤	⑥

漢字で書こう！ ①かわ(く)　②えいゆう　③にわとり

教科書 p.222〜p.224

生命とは何か

テストに出る!
ココが要点

生命とは何か（教 p.223〜p.224）➤**予想問題**

● 生命はさまざまな物質が集まってできた精密機械のように見える。
→実際は時間の流れとともに、絶え間ない消長、交換、変化を繰り返しつつ、それでいて一定の平衡が保たれているものである。
＝生命は動的平衡にあるものである。

要旨

◇生命とは、時間の流れとともに、絶え間ない消長、交換、変化を繰り返しつつ、それでいて一定の平衡が保たれている、動的平衡にあるものである。

テストに出る!
予想問題

解答 p.11

30分

100点

次の文章を読んで、問題に答えなさい。

私たち生物学者は、①生命をさまざまな物質が寄り集まってできた非常に精密な機械であるとみなして研究を進めてきた。しかしそれは、時間を止めて、生命現象を観察したとき、そのように見えるにすぎない。

研究を続けてわかってきたことだが、生命は、実は、時間の流れとともに、絶え間ない消長、交換、変化を繰り返しつつ、それでいて一定の平衡が保たれているものとしてある。生命は、恒常的に見えて、いずれも一回性の現象である。そして、②それゆえにこそ価値がある。私は、そのような生命を③動的平衡にあるものと呼びたい。

マウスのように、生命のもつ動的な仕組みは、やわらかく滑ら

(2) 生命が「さまざまな物質が寄り集まってできた非常に精密な機械」のように見えるのは、どのような条件の下で生命現象を観察したときですか。〔10点〕

2 ——線②「それ」はどのようなことを指しますか。文章中から抜き出しなさい。〔10点〕

生命が［　　　］であること。

3 ——線③「動的平衡」について答えなさい。

(1) よく出る 「動的平衡」とは、どのようなことを指しますか。次の段落の言葉を使って書きなさい。〔15点〕

(2) 「動的平衡」が保たれなくなるのは、どのような場合ですか。〔10点〕

4 ——線④「生命は、順を追ってひとたび作られると、再び逆戻りすることのできない」について答えなさい。

(1) 筆者は「順を追ってひとたび作られると、再び逆戻りすること

漢字を読もう! ①霧 ②殻 ③腐る
←答えは左ページ

かであるので、操作的な介入を吸収しつつ、新たな平衡を生み出そうとする。しかしながら、操作的な介入によって平衡状態が失われてしまえば、生命は大きな痛手を受けることになる。ちょうどトカゲの卵にうがった小窓のように。

そのいっぽうで、動的平衡は、不要な介入さえしなければ、ほかになんの手助けも全く必要とせず、自律的にその運動をつかさどることができる。全てのプロセスは、時間の流れとともに人知れず　進み、開き、やがて閉じる。

④生命は、順を追ってひとたび作られると、再び逆戻りすることのできない、のり付けされた折り紙細工に似ている。戻せないのは、そこに時間が折りたたまれているからである。誰も時計の針を一瞬も止めることはできない。

結局、私たちは、⑤自然の流れの前にひざまずく以外に、そして⑥生命のありようをただ記述すること以外に、なすすべはないのである。それは実のところ、あの少年の日々からすでにずっと自明のことだったのだ。

〔福岡《ふくおか》 伸一《しんいち》「生命とは何か」による〕

1 ――線①「生命をさまざまな物質が寄り集まってできた非常に精密な機械であるとみなして」について答えなさい。

(1) よく出る 生命は、実際にはどのようなものだということがわかりましたか。そのことがわかる部分を文章中から抜き出しなさい。〔10点〕

のできない」生命を何にたとえていますか。〔10点〕

(2) 「生命」はなぜ「再び逆戻りすることのできない」ものなのですか。文章中から抜き出しなさい。〔10点〕

5 ――線⑤「自然の流れの前にひざまずく」とはどのような意味ですか。次から一つ選び、記号で答えなさい。〔10点〕

ア 自然を毎日観察して記述する。
イ 自然に任せて手を出さない。
ウ 自然な状態に満足せずにいる。
エ 自然の川の前でひざまずく。

6 やや難 ――線⑥「生命のありようをただ記述すること以外に、なすすべはない」とありますが、それはなぜですか。次から一つ選び、記号で答えなさい。〔15点〕

ア 生命は、時間を追って順に作られ変わりながら平衡を保っており、大きな操作的な介入をすると平衡が崩れ、致命的になるから。
イ 生命は、緻密な細胞の集まりでできているので、操作的な介入をすると細胞が壊れ、修復することができなくなってしまうから。
ウ 生命は、操作的な介入により一度壊されると別のものに作り替えられてしまい、結果がいつも変わってしまうから。
エ 生命の仕組みは複雑すぎるので、研究しようとしても現在の技術では解明することは不可能だから。

漢字で書こう！ ①きり　②から　③くさ(る)
答えは右ページ➡

「対話力」とは何か

テストに出る！ ココが要点

「対話力」を高めるには（教 p.231〜p.232）▶予想問題

●多文化共生社会において、対話力を高めるには

・自分の考えをもつ。

・人の意見をよく聞き、それをしっかり受け止める。

・自分の考え方をしなやかに変化させる柔軟さをもつ。

→「対話」の意義は、互いに、さまざまな意見を出し合い、さらによい結論を目ざすことにある。

要旨

◆多文化共生社会に必要とされるのは、「対話力」である。「対話」の意義は、互いに、さまざまな意見を出し合い、さらによい結論を目ざすことにある。

テストに出る！ 予想問題

解答 p.11　30分　100点

次の文章を読んで、問題に答えなさい。

では、このような①多文化共生社会において、対話力を高めるためにはどうしたらよいのでしょう。

第一には、「自分の考えをもつ」ということです。ただし、自分の考えをもつためには、②多少訓練が必要です。日頃から、さまざまな日常生活や社会生活上の問題や課題に関心をもち、それらに対して、しっかりした根拠をあげて、自分の意見をまとめる訓練を、たくさんすることです。さらに、多様な視点から根拠をあげるように心がけると、説得力のある意見をもつことができます。初めは時間がかかるかもしれませんが、訓練を続けていくと、次

意見を変えないというのでは、そもそも、人と対話をする意味がない。相手の意見に、「なるほど」と納得したら、逆に積極的にそれを生かし、新たな自分の意見を生み出していく、そんなしなやかな柔軟さを、互いにもつことが大切です。

「対話」の意義は、互いに、さまざまな意見を出し合い、よいところを学び合いつつ、さらによい結論を目ざすことにあるのです。

〔多田《ただ》 孝志《たかし》「『対話力』とは何か」による〕

1 ――線①「多文化共生社会において、対話力を高めるためにはどうしたらよいのでしょう」とありますが、筆者は主にいくつの方法をあげていますか。〔15点〕

□

2 ――線②「訓練」とありますが、どのような訓練ですか。文章中から抜き出し、初めと終わりの五字を書きなさい。〔15点〕

□□□□□〜□□□□□

3 ――線③「人の意見をよく聞き、それをしっかり受け止める」について答えなさい。

漢字を読もう！ ←答えは左ページ　①知恵　②状況　③根拠

第に、短時間で自分の意見をまとめることができるようになってきます。

　第二は、③人の意見をよく聞き、それをしっかり受け止めることです。対話の基本は、「応答」です。短くてもよいから、とにかく言葉に出して応える習慣を身につけることです。ときには、うなずいたり、あいづちをうったりするだけでもよいのです。相手の伝えてきたことを、きちんと受け止めていることを、言葉や態度で示すことが大切なのです。国際的な会議などの場では、相手が語りかけているのになんの返答もしないということは、相手を無視したと受け止められ、失礼な態度だと捉えられかねません。どの地域の、どの国の、どんな意見にでも、相手が伝えようとしていることに対し、しっかりと反応を示すことは、国際社会における当然のルールなのです。

　また、相手の意見をしっかりと受け止めて聞いていると、「なぜそんなことを言うのだろう」「どうしてこんなことにこだわるのだろう」などと、疑問をもつことがあります。そのようなとき、相手の立場や心情などに思いをめぐらすことにより、言葉の背景にある、本当に伝えたいことを把握できるものなのです。また、世界、歴史、文化、自然などについての自分の知識をもとに、意識的に広い視野に立つようにして、相手の発言の意図を考えてみると、それまで気づかなかった、相手の話の真意が見えることもあります。

　最後は、④自分の考え方をしなやかに変化させる柔軟さをもつこと。相手から批判されるたびに、自分の意見を簡単に変えてしまうのはあまりよくありませんが、逆に、最後まで、決して自分の

---

(1) よく出る 「しっかり受け止める」とは、具体的にどのようなことですか。 5点×3〔15点〕

ⓐ［　　］に出して応えたり、ⓑ［　　］、ⓒ［　　］をうったりすること。

(2) 「人の意見をよく聞き、それをしっかり受け止める」ことをしないと、どうなりますか。文章中から三十一字で抜き出し、初めと終わりの五字を書きなさい。〔15点〕

［　　　　　］～［　　　　　］

4 やや難 ——線④「自分の考え方をしなやかに変化させる柔軟さ」とはどういうことですか。次から一つ選び、記号で答えなさい。〔20点〕

ア　相手の意見に従って、自分の意見を少しずつ変化させること。
イ　相手よりもいい意見を出せるよう、積極的に変化させること。
ウ　相手の意見を生かしながら、自分の意見を変化させること。
エ　相手から批判されたら、自分の意見をすぐに変化させること。

［　　］

5 筆者は「対話」において大切なことはどういったことだと考えていますか。文章中の言葉を使ってまとめなさい。〔20点〕

［　　　　　　　　　　］

漢字で書こう！　①ちえ　②じょうきょう　③こんきょ
答えは右ページ➡

バースデイ・ガール

主題

◇二十歳の誕生日の夜に、一つだけかなうという願いごとをした「彼女」は、十年以上たった後、「人間は何を望んでも自分以外にはなれない」と「僕」に語った。

テストに出る！

ココが要点

「彼女」の願いごと（教 p.255～p.256）▶例題

【場面】「彼女」の二十歳の誕生日の夜　…過去の出来事

- 「彼女」は、老人から一つだけ願いをかなえてあげると言われる。
- 老人は、「彼女」のいっぷう変わった願いに驚く。
- 「彼女」は、人生の仕組みがまだわからないからだと言う。

「僕」の質問（教 p.258～p.260）▶予想問題

【場面】二十歳の誕生日について「僕」と「彼女」が話す…現在

- 「僕」は、願いごとはかなったのか、後悔していないか、と問う。
- 「彼女」は、かなったかどうかはまだわからない、人間は何を望んでも自分以外にはなれない、と答える。→人生に対する諦め

例題　「彼女」の願いごと

老人のしわが少しだけ深くなった。「それがつまり①**君の願いごと**というわけだね？」

「はい。そうです。」

「君のような年頃の女の子にしては、いっぷう変わった願いのように思える。」と老人は言った。「実を言えば私は、②**もっと違ったタイプの願いごとを予想していた**んだけどね。」

「もしまずいようなら、③**何か別のものにします。**」と彼女は言った。それから一つせきばらいをした。「別のものでもかまわないんです。何か考えますから。」

「いやいや。」老人は両手を上に上げ、旗のように空中でひらひらと振った。「まずいわけじゃない、全然。ただね、私は驚いたんだよ、お嬢さん。つまり、もっ

1 ――線①とありますが、老人は「彼女」の願いごとをどのような願いだと感じましたか。

年頃の女の子のプレゼントとしては、（　　　　）。

2 よく出る ――線②とありますが、老人はどのような願いごとを予想していたのですか。三つ抜き出しなさい。

（　　　　）
（　　　　）
（　　　　）

答えと解説

1 例いっぷう変わった願い

✎「老人のしわが少しだけ深くなった」とあることから、老人が「彼女」の願いごとを意外なものだと考えていることを捉える。

2
- （もっと）美人になりたい
- 賢くなりたい
- お金持ちになりたい

✎これらは「普通の女の子が願うようなこと」である。**「彼女」がした願いごとは明らかにされないが**、少なくとも、このようなよくある願いご

漢字を読もう！　①穏やか　②渓谷　③椅子
←答えは左ページ

と他に君が願うことはないんだね？　例えば、そうだな、もっと美人になりたいとか、賢くなりたいとか、お金持ちになりたいとか、そういうことじゃなくてもかまわないんだね？　普通の女の子が願うようなことを。」

　彼女は時間をかけて言葉を探した。老人はその間何も言わず、ただじっと待っていた。彼の両手は机の上に静かにそろえられていた。

「もちろん美人になりたいし、賢くもなりたいし、お金持ちになりたいとも思います。でもそういうことって、もし実際にかなえられてしまって、その結果自分がどんなふうになっていくのか、私にはうまく想像できないんです。④**かえってもてあましちゃうことになるかもしれません**。私には人生というものがまだうまくつかめていないんです。ほんとに。その仕組みがよくわからないんです。」

「なるほど。」老人は両手の指を組み、それをまた離した。

「なるほど。」

「そんな願いでかまわないんですか？」

「もちろん。」と老人は言った。「もちろん。私のほうにはなんの不都合もない。」

〔村上《むらかみ》春樹《はるき》「バースデイ・ガール」による〕

（　　　　）

3 ——線③から、「彼女」のどのような思いがわかりますか。選びなさい。

ア　願いごとにこだわりはない。

イ　願いごとならいくらでもある。

ウ　願いごとを確実にかなえたい。　（　）

4 よく出る ——線④とありますが、「彼女」は、どのような心配をしているのですか。選びなさい。

ア　望みがどんどん高くなり、きりがないのではないだろうか。

イ　幸運のあとには、どれほどの不幸が待っているのだろうか。

ウ　別人のようになった自分と、うまく向き合えるのだろうか。　（　）

5 この文章で、老人の心情は、言葉のほかにどのようなものを通して表現されていますか。

老人の［　　］の動き

とではなかったため、老人を驚かせたのだ。

3 ア

直後で「別のものでもかまわないんです」と言っている。「彼女」は、**その願いごとを何としてもかなえてほしいと思っているわけではない。**

4 ウ

直前に「その結果自分がどんなふうになっていくのか、私にはうまく想像できないんです」とある。**願いがかなったあとの自分の人生の変化を受けとめられないのではないか**、と心配しているのである。

5 両手

「両手を上に上げ、旗のように空中でひらひらと振った」「両手は机の上に静かにそろえられていた」「両手の指を組み、それをまた離した」など、**両手の動きを通して老人の心の動きが表現されている。**

漢字で書こう！　①おだ（やか）　②けいこく　③いす
答えは右ページ➡

テストに出る！

予想問題

次の文章を読んで、問題に答えなさい。

解答 p.12　30分　　/100点

「彼女」は、二十歳の誕生日の夜に、アルバイト先のオーナーの老人から、願いごとを一つだけかなえてあげると言われ、ある願いごとをした。

「一つ質問してもかまわないかな？」と僕は言う。「正確に言えば、①質問は二つになるけど。」

「どうぞ。」と彼女は言う。「でも想像するに、あなたは私がその時にどんな願いごとをしたのか、まずそれが知りたいんじゃない？」

「でも君はそのことをあまり話したくないみたいに見える。」

「そう見える？」

僕はうなずく。

②彼女はコースターを下に置き、遠くにあるものを見つめるように目を細める。「願いごとというのは、誰かに言っちゃいけないことなのよ、きっと。」

「別に無理に聞き出すつもりはないよ。」と僕は言う。「僕が知りたいのは、まずその願いごとが実際にかなったのかどうかということ。そしてそれがなんであれ、君がそのときに願いごととしてそれを選んだことを、あとになって後悔しなかったかってことだよ。つまり、もっと他のことを願っていればよかったとか、そんなふうには思わなかった？」

③「最初の質問に対する答えはイエスであり、ノオね。まだ人生は

僕は彼女の口もとを見ている。

「私が言いたいのは。」と彼女は静かに言う。そして耳たぶをかく。きれいな形をした耳たぶだ。⑥「人間というのは、何を望んだところで、どこまでいったところで、自分以外にはなれないものなのねっていうこと。ただそれだけ。」

〔村上《むらかみ》春樹《はるき》「バースデイ・ガール」による〕

1 よく出る　――線①「質問は二つ」とありますが、「僕」が「彼女」にした質問の内容をそれぞれ書きなさい。　10点×2〔20点〕

Ⅰ…一つめの質問

Ⅱ…二つめの質問

2 ――線②「彼女は……目を細める。」とありますが、このときの「彼女」の様子を次から一つ選び、記号で答えなさい。〔15点〕

ア　ひどく悩み苦しんでいる様子。
イ　「僕」をからかっている様子。
ウ　怒りが込み上げている様子。
エ　深く考え込んでいる様子。

3 ――線③「最初の質問に対する答えはイエスであり、ノオね。」とありますが、これはどのような意味ですか。　完答〔15点〕

先が長そうだし、私はものごとのなりゆきを最後まで見届けたわけじゃないから。」

「時間のかかる願いごとなんだ？」

「そうね。」と彼女は言う。「そこでは時間が重要な役割を果たすことになる。」

「ある種の料理のように？」

彼女はうなずく。

僕はそれについて少し考えてみる。でも僕の頭には、低温のオーヴンでゆっくりと焼かれている巨大なパイ料理のイメージしか浮かんでこない。

「二つめの質問については？」と僕は尋ねてみる。

「二つめの質問ってなんだっけ？」

「君はそれを願いごととして選んだことを後悔していないか？」

少し沈黙の時間がある。彼女は奥行きのない目を僕に向けている。ひからびたほほえみの影がその口もとに浮かんでいる。それは④僕にひっそりとした諦めのようなものを感じさせる。

「私は今、三歳年上の公認会計士と結婚していて、子どもが二人いる。」と彼女は言う。「男の子と女の子。アイリッシュ・セッターが一匹。ドイツ車に乗って、週に二回女友達とテニスをしている。それが今の私の人生。」

「それほど悪くなさそうだけど。」と僕は言う。

「⑤車のバンパーに二つばかりへこみがあっても？」

「だってバンパーはへこむためについているんだよ。」

「そういうステッカーがあるといいわね。」と彼女は言う。

「『バンパーはへこむためにある。』」

二十歳の誕生日の夜にした願いごとは、現時点では（　　）とも言えるし、（　　）とも言える。

4 よく出る ——線④「僕に……感じさせる」とありますが、「僕」は、「彼女」のどのような表情から、「諦めのようなもの」を感じたのですか。文章中から二つ抜き出しなさい。 10点×2〔20点〕

5 やや難 ——線⑤「車のバンパーに二つばかりへこみがあっても？」とありますが、この発言から「彼女」のどのような気持ちが読み取れますか。〔15点〕

今の自分の人生に（　　）気持ち。

6 ——線⑥「人間というのは……ものなのね」とありますが、ここから「彼女」のどのような気持ちが読み取れますか。次から一つ選び、記号で答えなさい。〔15点〕

ア 他のことを願っていたとしても、人生は変わらなかっただろう。

イ 他のことを願っていたら、もっとましな人生を送れただろう。

ウ 他のことを願っていたら、また別の人生になったのだろう。

エ 他のことを願っていたとしても、人生でかなえることはできなかっただろう。

漢字で書こう！ ①こ(る)　②こどう　③あきら(める)

答えは右ページ➡

教科書 p.262～p.265／p.266～p.267

青春の歌――無名性の光
やわらかな想い

主題

◆青春という時間の本質は、今だけの無名性の光にあると筆者は考えている。過ぎ去ってしまえば、同じように詠《うた》うことはもうできないのだ。

テストに出る！
ココが要点

過ぎ去った青春は戻らない（教 p.264～p.265）▶予想問題

●「眩《まぶ》しい今」が「眩しかった過去」に変わっていく
・以前…学生だった作者→「君」の遠さ
・現在…人生の中の大人→「われら」の遠さ
　→ 異質の輝き

テストに出る！
予想問題

解答 p.12　30分　100点

1 次の文章を読んで、問題に答えなさい。

　時計の針が進み、それぞれの人生の中で大人になった時、人は①青春の無名性の輝きを当時のように詠《うた》うことはできなくなる。「眩《まぶ》しい今」が「眩しかった過去」へと変わっていく。そのことを、例えば次のような歌から読み取ることができる。

A　椅子にもたれ椅子を回せる数秒の②あらば　思えよあの夏のわれら　永田《ながた》紅《こう》

　かつての恋人か友人への呼びかけだろう。連作の中で前後に置かれた③「実業に就きたる君の日常に鳥は飛んではこないのだろう」「そしてそのままに椅子より立ちあがり午後の会議へ出《い》でてゆくべし」から状況がわかる。青春を共に過ごした君は今、ネクタイを締めた会社員になっている。そこで忙しく会議に出る日々を

2 ――線②「あらば」の意味を次から一つ選び、記号で答えなさい。〔10点〕

ア あったとしても　**イ** あるとするなら
ウ あるだろうと　**エ** ありえるならば

3 ――線③「実業に就きたる君」を他の言葉で言いかえている部分を文章中から十一字で抜き出しなさい。〔15点〕

4 やや難 ――線④「異質の輝き」とありますが、どのような点が異質なのですか。次から一つ選び、記号で答えなさい。〔20点〕

ア 学生だった頃は物理的な距離の遠さについて詠っていたが、社会人となった今は心理的な距離の遠さを詠っている点。
イ 学生だった頃は自由に会える喜びを詠っていたが、社会人となった今は会えない時間の切なさを詠っている点。
ウ 学生だった頃は物理的にも心理的にも「君」と遠かったが、社会人となった今は物理的に近くなれたことを詠っている点。
エ 学生だった頃は時間的な制約もなく「君」を待つことができたが、社会人となった今はそうもいかないことを詠っている点。

漢字を読もう！　①象徴　②感慨
←答えは左ページ

送っているのだろう。二人の道はこんなにも分かれてしまった。だからこそ、立ち上がって会議に向かう前のほんの「数秒」でいいから「あの夏のわれら」を思い出してほしい、と〈私〉は願っているのだ。若かった自分たちがあまりにも遠く眩しい。

十数年前、学生だった作者は次のように詠っていた。

B　どこに行けば君に会えるということがない風の昼橋が眩しい　　永田 紅

C　ああ君が遠いよ月夜　下敷きを挟んだままのノート硬くて　　同

これらの恋歌に見られる「君」の遠さは、「思えよあの夏のわれら」の遠さとは全く④異質の輝きをたたえている。「どこに行けば君に会えるということがない」かつての状況に対して、むしろ今は勤め先の会社に行けば「君」がいることはわかっている。その分、物理的な距離は近いともいえる。訪ねて行きさえすれば、昼休みに一緒に食事に出て穏やかに昔話をすることもできるだろう。けれど、目の前の君はネクタイを締め、〈私〉の靴にもヒールがある。自由だった「あの夏のわれら」はもうどこにもいないのだ。

〔穂村《ほむら》 弘《ひろし》「青春の歌――無名性の光」による〕

1 よく出る　――線①「青春の無名性の輝き」とありますが、A～Cの短歌のうち、それが感じ取れるものを全て選び、記号で答えなさい。　完答〔15点〕

2 次の詩を読んで、問題に答えなさい。

①やわらかな想《おも》い　　さくら ももこ

言葉の記号で
置き換えることのできない想いが
父の静かな笑顔から
母の電話の沈黙から
あなたの瞳の中の光から
わたしの深呼吸から
世界中のいろんな人から
流れ出している。
赤ちゃんの笑い声
理由のない涙
記号にあてはまらない
②柔軟なエネルギーのかたまり。

1 ――線①「やわらかな想い」は、どのような想いと言いかえられていますか。詩の中から抜き出しなさい。　〔14点〕

2 ――線②「柔軟なエネルギーのかたまり」にあてはまるものを、詩の中から二つ抜き出しなさい。　各13点〔26点〕

漢字で書こう！　①しょうちょう　②かんがい
答えは右ページ➡

教科書 p.296〜p.299

素顔同盟

主題

◆笑顔の仮面をつけなければならない社会に息苦しさを感じている「僕」は、仮面を外す少女に出会い、自分も素顔で暮らす「素顔同盟」の一員になろうと決意する。

テストに出る！

ココが要点

仮面への疑問（教 p.297〜p.298）▼**予想問題**

●川の向こう側…自然保護区の森・聖域 →自然・「素顔同盟」

●川のこちら側…コンクリート・高層ビル →人工物・仮面社会

テストに出る！

予想問題

解答 p.13　30分　100点

次の文章を読んで、問題に答えなさい。

　僕はしょんぼりしながら、その日、一人で帰った。しかし、①素顔とは関係なく、その時の仮面はいつもの笑顔のままだった。だから、誰も僕の心の内を読むことはできなかっただろう。この仮面はある意味で便利かもしれないが、僕にはひどく味気ないものに感じられた。寂《さび》しい時は寂しい顔を、悲しい時は悲しい顔をしたかった。

　やがて、僕は街の東側を流れる川の公園のところまでやってきた。川の向こう側は自然保護区の森になっていた。秋になり、森は赤や黄の色彩にあふれていた。こちら側は川岸がコンクリートで固められ、公園になっている。川沿いのイチョウの木は等間隔《とうかんかく》に並んでいて、黄金《こがね》色の落ち葉が歩道をうずめていた。

　僕はぼんやりと対岸の森林地帯を眺めた。そして振り返ると、高層ビルの僕の街があった。②この橋のない川を隔《へだ》てて、あまりに

1 ――線①「素顔」と対比されているものを、文章中から二字で抜き出しなさい。〔10点〕

2 ――線②「この橋のない川」について答えなさい。

(1) 「橋のない川」の向こう側とこちら側の風景は、それぞれ何を象徴していますか。文章中から抜き出しなさい。10点×2〔20点〕

Ⅰ　川の向こう側

Ⅱ　川のこちら側

(2) やや難 川に橋がないことは、どのようなことを表していますか。簡潔に書きなさい。〔15点〕

が禁じられていること。

3 よく出る ――線③「彼女の顔はみんなと同じ笑顔だった。」とありますが、それはなぜですか。簡潔に書きなさい。〔10点〕

漢字を読もう！　①間隔　②寂しい
←答えは左ページ

も自然と人工物が対立しているのに、改めて驚いた。自然保護区は荒らされてはならない聖域だった。

イチョウの木の陰に女の子がいた。僕と同じぐらいの年齢だろう。街から隠れるようにして、向こう岸を見ていた。僕は気づかれないように何本か離れたイチョウの木のそばで彼女を見守った。③彼女の顔はみんなと同じ笑顔だった。ところが、彼女は次に、両手で仮面を覆うと、そっとそれを外したのだ。僕は思わず息を止めた。事の重大さに胸をどきどきさせながら周りを見回してみたが、誰もいなかった。〈A〉

④彼女は素顔になると、遠くの森をもう一度見つめ直した。彼女の素顔は寂しそうで、悲しみさえたたえていた。そして、美しかった。

僕は彼女のその行為が違法であることがわかっていながら、不思議とかとがめる気持ちにもならなかったし、警察に通報しようとも思わなかった。彼女は⑤僕と同じ側にいる人間にちがいなかった。初めて同類に会えたのだ。〈B〉

その夜、僕はなかなか眠れなかった。なぜ、あの時、声をかけなかったのかと悔やんだ。僕は、仮面を外した彼女と一緒にいるところを、誰かに見られるのを恐れたのだ。僕は自分の身が大事だったのだ。結局、勇気がなかったのだ。せっかく自分と同じ側にいる人間と出会えたのに、その機会を自分で逃がしてしまったのだ。〈C〉

〔すやま たけし「素顔同盟」による〕

4 ――線④「彼女の……そして、美しかった。」とありますが、「彼女」の素顔を見たときの「僕」は、どのような気持ちでしたか。次から一つ選び、記号で答えなさい。〔10点〕

ア 寂しく悲しい顔よりも、美しい笑顔を見たいと願う気持ち。
イ ありのままの心を表す表情の美しさに、強くひかれる気持ち。
ウ 美しい少女が堂々と法を犯すことをとがめる気持ち。
エ 予想以上の美しい顔立ちであったことに驚く気持ち。

□

5 よく出る ――線⑤「僕と同じ側にいる人間」とは、どのような人のことですか。□にあてはまる言葉をそれぞれ書きなさい。10点×2〔20点〕

[I]に疑問を感じ、[II]と願う人。

I □
II □

6 文章中の〈A〉→〈B〉→〈C〉で、「僕」の気持ちはどのように変化していますか。次から一つ選び、記号で答えなさい。〔15点〕

ア 喜び → 驚き → 後悔
イ 喜び → 後悔 → 驚き
ウ 驚き → 喜び → 後悔
エ 驚き → 後悔 → 喜び

□

漢字で書こう! ①かんかく ②さび(しい)
答えは右ページ→

言葉の力

教科書 p.304〜p.307

要旨

◆言葉がいつ生まれたのかを考えると不思議である。言葉は魔法の杖《つえ》である。人は、言葉を使ってどんな人生を創ることもできる。それは自分の心構え次第である。

テストに出る！ ココが要点

言葉とは（教 p.307）▶**予想問題**

●言葉は単なる道具ではない。自分そのものである。
→言葉を大事にすることは、自分を大事にすること。
→言葉はどんな人生を創ることもできる。→自分の心構え次第。

テストに出る！ 予想問題

解答 p.13　15分　100点

次の文章を読んで、問題に答えなさい。

…①言葉を信じていない人は、自分のことをも信じていない。しかし、自分を信じていない人生を生きるのは、とても苦しくて大変だ。言葉ではああ言ったけれども、本当はそうは思っていない。そんなふうにしか生きられない人生は不幸だ。②言葉と自分が一致《いっち》していない人生は不幸だ。だから、本当の自分はどこにいるのかを、人はあちこちに探し求めることになる。しかし、本当の自分とは、本当の言葉を語る自分でしかない。本当の言葉においてこそ、人は自分と一致する。言葉は道具なんかではない。言葉は、自分そのものなのだ。

　だからこそ、言葉は大事にしなければならないのだ。言葉を大事にするということが、自分を大事にするということなのだ。自分の語る一言一句が、自分の人格を、自分の人生を、確実に創っているのだと、自覚しながら語ることだ。そのようにして、生きることだ。

　言葉には、万物を創造する力がある。言葉は魔法の杖《つえ》なのだ。③人は、魔法の杖を使って、どんな人生を創ることもできる。それは、その杖をもつ人の、この自分自身の、心の構え一つなのだ。

〔池田《いけだ》 晶子《あきこ》「言葉の力」より部分〕

1 やや難 ——線①「言葉を信じていない人」は、言葉をどのようなものとして捉えていますか。二字で抜き出しなさい。〔40点〕

2 ——線②「言葉と自分が一致していない」を言いかえるとどのようなことになりますか。文章中から一文を抜き出しなさい。〔30点〕

3 よく出る ——線③「人は、魔法の杖を使って、どんな人生を創ることもできる。」とありますが、言いかえるとどのようなことですか。次から一つ選び、記号で答えなさい。〔30点〕

ア 人生で一番大切なことは、言葉で人と話すことだということ。
イ 「人生」という言葉も、ただの音の連なりでしかないこと。
ウ 人生は、言葉によって創られているということ。
エ 人生とは、言葉を一つ一つ覚えていくということ。

中間・期末の攻略本

解答と解説

取りはす
使えます。

教育出版版　国語3年

p.2～p.3 春に

1	2	3	4 (1)	4 (2)	5	6	7 (1)	7 (2)	8
口語自由詩	枝の先のふくらんだ新芽	目に見えないエネルギーの流れ	エ	ア	イ	もどかしい	大声でだれ～っていいたい	例未来へ進もうとする積極的な気持ちと、それをためらう消極的な気持ち。	イ

解説

3 春の生命力がどんどん体の中に入り込んでくることに、「ぼく」は戸惑い、さけび出しそうになっている。

4・5 さまざまな気持ちがたまった心の中を「ダム」にたとえている。「よろこび」と「かなしみ」のように矛盾した気持ちが入り混じって表現されていることをおさえる。

6 「あしたとあさってが一度にくるといい」は、早く前へ進みたいという焦《あせ》りを表す。

7 未来に歩み出したいと思う気持ちと、それをためらう気持ちの両面を捉える。

8 同じ言葉を繰り返しながら、自らの希望がしだいに強まっていることに着目する。

最終チェック

題名「春に」の意味は？

・春という季節に感じる気持ち。

・人生における春（青春・思春期）に感じる気持ち。

p.4～p.5 立ってくる春

1	2	3	4	5	6 (1)	6 (2)
春	例気温が低いままであること。	エ	例ならないだろう	春とは、こ	一枚の絵	イ

解説

1 「霜柱はつんつん……ぜんぜん上がってこない。」という寒さの中で「もう春だ」と言われても、受け入れられなかったのである。

2 「わだかまる」は「とぐろを巻く」という意味。気温が上がらず、寒暖計の中の液体が動かない様子を表している。

3 言葉をただ音として捉えていることに注意。「立春」という漢字と結び付けられなかったことから、「私」がこの言葉を知らなかったとわかる。

4 作者は、「立つ」＝「かたちをもつ」「目に見える」と考え、自分なりの「春のかたち」を決めようとしている。

5 少しあとに、「春とは、……ようなものだ。」とある。

6 (1)春に対するイメージを、目に見えるかたちとして描写している部分から抜き出す。(2)「たしかに、今日……春が立った。うんうん。」と、春の訪れを感じている。

最終チェック

「立春」とは？

一年を二十四等分して季節を表す二十四節気の一つ。旧暦《きゅうれき》で、春が始まる日とされる。現在の暦《こよみ》では、二月四日頃にあたる。

p.6～p.7 なぜ物語が必要なのか

◇

1	2	3		4	5	6	7	
		ⓐ	ⓑ					
決して会うことのできない少女	救い	狭い場所	深まってゆく	キティー	ウ	更に不思議	例物語という器を持っていれば、人間は魂を解放することができるから。●	例他者の物語にふれれば、どんなに立場が異なっていても、その人の心に深く寄り添えるから。●

（●は順不同）

解説

◇

1 同じ段落の、アンネを指す言葉がいくつかあるうちの、字数に合う部分を答える。

2 「アンネに向かって悩《なや》みを打ち明ける」ことで、「彼女との間に交わした空想の友情」が、「私の救いになってくれた」とあることを捉える。

4 直前にあるアンネの日記をみると、アンネが日記で語りかけていた「空想の友人」が「キティー」だとわかる。

5 次の段落に、物語が「魂を解放することができ」るものだとあることに着目する。

6 ――線⑥は、直前部分を受けて書かれている。

7 段落の後半の、物語について書かれた二つの部分から捉える。

最終チェック

物語の役割とは？

・物語を読んだ人は、物語の作者の心に深く寄り添える。
→物語には時空を超え、人の心をつなぐ役割がある。
・物語に身を置く。
→人間は魂を解放できる。

p.10～p.11 私《わたし》

◇

1			2	3	4	5	6
(1)	(2)	(3)					
貸出データ	例「私」自身	イ	例もう一人の「私」が、一昨日に本を借りたから。	例「私」の存在そのもの	無感動な表情	エ	例どちらの「私」が消えても、残るのは同じ「私」だと考えているから。

解説

◇

1 (1)(2)「司書」は貸出データを確認した上で、「二重になっているのは、データではなく、あなた自身です」と説明している。

2 「私」は、「司書」の奇妙な説明に納得している。

4 「すげない」は、「そっけない」という意味。このような「司書」の無愛想な態度は、その表情にも表れている。

5 「私」は、同じく「市民サービス」に従事する者として、「司書」の「模範とされる市民対応」にはほど遠い対応を見過ごせなかったのである。

6 「私」は、二重状態→二重に存在する「私」のどちらも同じものと捉えているため、一方の「削除」も平気で受け入れられるのである。

最終チェック

情報と個人の関係に対する捉え方をおさえよう！

「女性」…重複した情報は同じものではない。一方だけが自分のもの。
「私」……重複した情報は同じもの。どちらかを削除すればよい。
「司書」…情報と個人の関係は考慮しない。重複した「私」は削除する。

p.12～p.13 薔薇《ばら》のボタン

◇

1	2	3 ⓐ	3 ⓑ	4 (1)	4 (2)	5 (1)	5 (2)	5 (3)	6	7 (1)	7 (2)
例 若い女性の衣服	例 こんなにおしゃれな服を、当時の広島の女性たちが着ていたこと。	汚れ、焼けこげ、しみ	服たちの美しさ	例 写真そのものが美しかったこと。	陰影を強調したモノクロ	タブー破り	イ	自分が今ま～かったこと	ウ	イ	例 死の瞬間まで丁寧に営んでいた日常

解説

◇

2 教50ページ上5行までの内容から読み取る。

4 (1)(2)広島の遺品は、原爆の悲惨さを伝えるのが目的だと筆者が考えていたことを捉えて答える。

6 「陰影」という言葉が教50ページ上8行にもあることに着目し、「陰影」を強調したものはモノクロ写真だったことを捉える。

7 (1)「闇」は見えないもの。その中から、姿を現すというような意味である。

(2)直後に書かれていることが、「立ち上がってくる」ものから伝わってきたことである。

最終チェック

石内《いしうち》氏の写真の特徴は？

・被爆者の遺品を美しく撮る。

↓服本来のもつ美しさがよみがえる。

↓着ていた人たちの気配が歴史の闇の中から立ち上がってくる。

p.14～p.15 メディア・リテラシーはなぜ必要か？／漢字の広場1

1

1	2 (1) ⓐ	2 (1) ⓑ	2 (2)	3 (1)	3 (1)	3 (2)	4	4	5	6
新聞、ラジオ、インターネット	識字能力	文字	例 教育を万人の権利と見なしていなかった。	● 例 自分たちの生活はより豊かになる。	● 例 格差や戦争もいつかはなくなる。	ファシズム	● 映画	● ラジオ	例 メディアを使ったプロパガンダによるファシズムの実現。	エ

2

①	②	③	④	⑤	⑥
じょう	せい	せい	しょう	きょう	けい

（●は順不同）

解説

1

1 ラジオと映画の誕生は、直後の二文からわかる。

3 (2)次の段落から捉える。

4 初めの段落の中ほどに、「教育を受けていなくても理解することができる映画とラジオ」とあるので、ここから捉える。

5 ファシズムの実現には、メディアを使ったプロパガンダが不可欠だが、そのメディアが誕生したため、ファシズムが可能になったのである。

6 メディア・リテラシーとは、メディアから与えられた情報を、自分の意志や判断に基づいて読み解く能力のことであり、ウの「抵抗」するだけだと不適切。

最終チェック

新しいメディアの誕生

・映画とラジオの誕生

↓誰もが理解できるメディアを使ったプロパガンダ

↓ファシズムの誕生

p.16～p.17 文法の小窓1

1	① ア　② ウ　③ ウ　④ ア　⑤ イ　⑥ エ
2	① イ　② ウ　③ ア　④ ウ
3	① イ　② ア　③ ウ　④ エ
4	① オ　② エ　③ イ　④ ア　⑤ ウ　⑥ イ
5	① エ　② ア　③ ウ　④ イ　⑤ イ

解説

1 ①④は体言につき、②③は用言についていることに着目する。⑤は「例示」の意味をつけ加えている。⑥は「感動」の気持ちを表している。

2 ①図書館という場所で読む。
②雨という理由で中止になる。
③自転車という手段で行く。
④熱中症という原因で倒れる。

3 ①「済ませた。そして出かけた」と言いかえられる。
③「赤い」と「きれい」が並立の関係にある。
④「知っている。けれども黙っている」と言いかえられる。

4 ①「一時間程度勉強した」と言いかえられる。
②「テニスも」ということで、テニス以外のスポーツも得意だという意味をつけ加えている。

5 ⑥登山家を例に挙げている。
終助詞は③のように文節の終わりにつく場合もある。

最終チェック

助詞の見分け方のコツ
①文末についている。→終助詞
②接続詞に置きかえて助詞の前後の語句がつながる。→接続助詞
③主な格助詞を覚える。
④①～③にあてはまらない。
→副助詞

p.18～p.19 AI《エーアイ》は哲学できるか

◇

1	例未発見のパターンを発見する 例解を与える
2	切実な哲学の問いを内発的に発する
3	ウ
4	●自由意志に基づいた自律的活動 ●普遍的な法則や真理を発見できる思考能力
5	ア
6	内発的哲学能力
7	例彼らが発する内発的な哲学の問いをめぐって人間との対話が始まること。

（●は順不同）

解説

◇ 2 現在、人工知能には、直後の「もし仮に、」以下で述べられている能力がないことを捉える。

5 「陥落」は「攻め落とされる」が本来の意味だが、ここでは、人間にしかできないことを人工知能もできるようになるという意味で使っている。

7 現在、人工知能には、内発的哲学能力がない。しかし、もし人工知能が内発的な哲学の問いを発して人間と対話をするようになれば、哲学に新次元を開くことになると筆者は考えている。

最終チェック

哲学の新次元とは?
人工知能の内発的哲学能力の獲得＝「知性」観の見直し
←
人間と人工知能の対話

p.20～p.21 漢字の広場2／言葉の小窓1

1	①	いちにち
1	②	ついたち
1	③	じょうず
1	④	かみて
2	①	読み方 しぐれ／意味 秋
2	②	読み方 しにせ／意味 例 店
2	③	読み方 おば／意味 姉
2	④	読み方 かたず／意味 例 緊張
3	①	B
3	②	C
3	③	A
3	④	B
3	⑤	C
4	①	キャンセル
4	②	例 始まり
4	③	飲料
5	①	和・漢
5	②	和・外来
5	③	漢・和
5	④	外来・漢
6	Ⅰ	ウ
6	Ⅱ	エ
6	Ⅲ	ア

解説

1 ④「かみて」は、舞台の左側（客席から見て右側）のこと。

2 ③父や母の妹は「叔母」と書く。④「固唾をのむ」という表現を覚えておく。

4 ②「始め」も可。

5 ①「古（ふる）」は訓読み、「本（ホン）」は音読み。③「台（ダイ）」は音読み、「所（どころ）」は訓読み。

6 その国の得意とする分野の言葉が多く入ってきている。また、時代の観点から見ると、その時代に交易していた国の言葉が多く入ってきている。

最終チェック

↓重箱読み・湯桶《ゆとう》読み

・重（ジュウ）＋箱（ばこ）のように、音読み（漢語）＋訓読み（和語）のもの。

・湯（ゆ）＋桶（トウ）のように、訓読み（和語）＋音読み（漢語）のもの。

p.22～p.23 async《アシンク》──同期しないこと

◇

1	生存にあまり必要のない音
2	脳が見たい～見てしまう
3	イ
4 (1)	エ
4 (2)	例 十人、二十人集まって、それぞれ好きな高さで「アー」と声を出す（例）。
4 (2)	● 例 みんながそれぞれ好きなリズムで手を叩く（例）。
5	人工的な音～わせた曲。
6	ア

（●は順不同）

解説

◇ **1** 「いい音」は聴《き》こえている音、「悪い音」は聴こえていない音、無視している音である。

2 直前の文の内容を言いかえている。

3 段落の初めに、「視覚でも同じ」とあることに着目する。脳がフィルターによって「見たいと思っているものだけを見」る結果、人々が皆同じ見方しかしなくなることを、「人間を同じ一つの檻《おり》に閉じこめる」といっている。

4 (2)「例えば」のあとに、同じ高さ、同じリズムになってしまう例を挙げている。

6 同じ段落の前半に書かれていることに着目し、人間社会は、一つのものに皆が合わせるのではなく、バラバラのものを一つにまとめることが大事なのではないかと筆者が述べていることを捉える。

最終チェック

↓不寛容《かんよう》な時代に必要な音楽

・同期しない音を聴くことが大切なのではないか

p.24～p.25 問いかける言葉

◇

1	(1)	不寛容にな～とさえする
1	(2)	戸惑い、悩み、考える
2	(1) ⓐ	異なる考え方
2	(1) ⓑ	利害
2	(1) ⓒ	情報空間
2	(1) ⓓ	異なる世界
2	(2)	問いかける言葉
3	(1)	けげんな顔
3	(2)	例皆が同じであることが尊重され、異なる意見をもつことや出すことが歓迎されない空気が流れていること。
4		ウ

解説

◇ **1** (1)「相手に対して」という言葉を手がかりにして、答えを探す。

(2)「異質なものに出会っ」たという言葉を手がかりにして、答えを探す。

2 (1)次の文に、「……ができなければ、課題の解決は不可能です」とあることに着目して考える。

(2)同じ段落の終わりに「きっかけを作るのは」とあることに着目して捉える。

3 (2)二文あとから次の段落にかけてその原因が書かれている。

4 最後の段落に筆者の主張が書かれているので、内容をおさえる。

最終チェック

言葉による問いかけ

・閉じている世界を開いていく力がある。

・自分の世界とは異なる世界との出会いを生み出す。

p.26～p.27 文法の小窓2／言葉の小窓2

問	①	②	③	④	⑤	⑥
1	エ	ア	オ	イ	ウ	
2	ア	ウ	ア	イ	エ	
3	イ	ア	ア	イ	ア	
4	イ	イ	ア			
5	いたし	例いらっしゃい	下がり	例召しあがって	例ご覧	例おっしゃい

解説

1 ②「使役」は、「人に～させる」という意味。

2 ②気配が「自然に」感じられる、という意味。④桜を見ることが「できる」、という意味。「見る」は上一段活用動詞なので、「られる」がつく。「見れる」とするのは誤り。

3 直前の動詞の活用形に着目。

4 ①**ア**「無い」という意味の形容詞。**イ**打ち消しの助動詞。②**ア**「静かだ」という形容動詞の活用語尾。**イ**断定の助動詞。③**ア**推定の助動詞。**イ**「かわいらしい」という形容詞の一部。

5 ①は、自分の行動に対して言っているので、尊敬語を謙譲語に直す。②④⑤⑥は、相手の行動に対して言っているので、謙譲語を尊敬語に直す。⑤「ご覧になって」、⑥「言われ」でも可。③は「気温」に敬意を表す表現が不適切。

最終チェック

敬語を正しく使い分けよう！

誰の行動なのかに着目する。

・自分の行動……謙譲《けんじょう》語を使う。

・相手の行動……尊敬語を使う。

・人以外の動き…敬語は不要。

p.30～p.31 旅への思い――芭蕉《ばしょう》と『おくのほそ道』――

1

1	ⓐ かかく　ⓑ とらえて　ⓒ こうしょう
2	馬の口とらへて老いを迎ふる
3	例 あてのない旅に出たいという思い。
4	● 例 春が立つ（立春）　● 例 霞が立ちこめる
5	例 旅に出る準備。
6	月日は百代
7	(1) 季語 雛　季節 春　(2) エ

2

1	ウ
2	例 秀衡の館の跡は今は田野となって
3	北上川
4	イ
5	ア
6	功名一時のくさむらとなる

（●は順不同）

解説

1 **4** 掛詞《かけことば》は、一つの語に二つの意味をもたせる表現技法。

6 人生を旅と捉えている。

7 (2)「住み替はる代ぞ」が句の中心。ここでも月日が過ぎゆくことが強調されている。

2 **1** 「一睡のうちにして」とは、ひと眠りしている間にはかなく消えてしまう様子を表している。

2 「秀衡《ひでひら》が跡」は、「秀衡の館の跡」の意味。

5・6 藤原《ふじわら》氏三代の栄華も、義経《よしつね》主従の奮戦もはかなく消え、ただ山河だけが昔と変わらずにあり続けている。芭蕉《ばしょう》は、実際に平泉《ひらいずみ》の地に立ってこうした思いを巡らし、人間の営みのはかなさを実感しているのである。

最終チェック

対句表現に着目！
「そぞろ神《がみ》の物につきて」↔「道祖神《だうそじん》の招きにあひて」

p.34～p.35 和歌の調べ――万葉集《まんようしゅう》・古今和歌集《こきんわかしゅう》・新古今和歌集《しんこきんわかしゅう》――

◇

1	初め 君　実際 秋の風
2	(1) ウ　(2) 例 こんなにもいとしいのか
3	(1) 例 目の前に　(2) エ
4	(1) ア　(2) 例 何にも勝る宝
5	(1) 例 強く感じられる　(2) エ
6	(1) 句切れ 三句切れ　リズム 七五　(2) 例 恋人
7	(1) 例 私の命よ　(2) エ　(3) ウ

解説

◇ **2** (2)「かなし」は「かわいい・いとしい」という意味。

3 子どものことが頭から離れないという、親の強い愛情が表現されている長歌である。

4 (2)「銀・金・宝石なども子どもに及ぶだろうか。いや及びはしない。」という意味。

6 (2) たとえ夢の中でもずっと会っていたい、と願っている歌。そのような相手がどんな人物かを考える。

7 「私の命よ、絶えるのなら絶えてしまえ。これ以上生き続けていたら、恋心を秘めていられなくなるかもしれないから。」という意味。

最終チェック

三大和歌集を再確認！
それぞれの成立年代・勅命を出した人物・撰者《せんじゃ》・代表的歌人を整理して覚えておこう。

p.38～p.39 風景と心情――漢詩を味わう――

1

1	2		3	4	5	6	7	8
五言律詩	●一・二 ／ ●三・四	●五・六	●深・心・金・簪	ⓐ例人間 ／ ⓑ例自然	イ	例家族	渾べて簪に勝へざらんと欲す	イ

2

1	2	3	4	5	6	7	8
七言絶句	起承転結	Ⅰ春 ／ Ⅱ煙花三月	(1)孟浩然 ／ (2)揚州(広陵)	ア	下ル二 揚 州ニ一	例友が乗る一そうの帆掛け舟の遠い影が、青空に吸い込まれて見えなくなる情景。	ウ

（●は順不同）

解説

1 **2** 律詩は三句と四句、五句と六句を対句にするが、この詩では、さらに一句と二句も対句になっている。

3 すべて「in」の音で終わる。

6 「家書万金《ばんきん》に抵《あ》たる（＝家からの手紙は大金に匹敵する）」とある。

2 **2** 絶句は、起（歌い起こし）、承（前の句を受ける）、転（話題を転じる）、結（全体を結ぶ）という構成。

3 「煙花《えんくわ》」は、春の霞《かすみ》が立ち上る情景を意味する。

5 黄鶴楼《こうかくろう》は、目的地（＝揚《よう》州《しゅう》）から見て西にある。

8 舟の姿が見えなくなっても、いつまでも見送り続ける作者の孤独な姿が想像される。

最終チェック

↓李白《りはく》と杜甫《とほ》の作風は？

・李白…自由奔放。「詩仙」と称される。

・杜甫…格調高い。「詩聖」と称される。

p.40～p.41 最後の一句

◇

1			2	3	4	5	6	7
(1)	(2)	(3)						
太郎兵衛	エ	例父の身代わり	ウ	例決定(考え)	反抗	ア	お上のことにはまちがいはございますまいから。	献身

解説

◇ **1** (2)責め道具でおどされても動じず、冷たい目で静かな言葉を言い放つ様子から読み取る。

(3)いちは本気で、父の身代わりとなって死のうと考えている。いちの覚悟の確かさは、その言葉や表情に表れている。

2 次の段落に「(いちの)目は冷ややかで、その言葉は静かであった」とあり、いちはあくまで冷静であると考えられる。

4 いちが放った最後の一句に、為政者である佐佐《ささ》は権力に対する反抗を感じたのである。

5 直後に「生《お》い先の恐ろしい者でござりますな」とあるように、佐佐をはじめとする役人たちがいちの行為や言動に対し、感心ではなく驚異や憎《ぞう》悪《お》を感じていたことがわかる。

最終チェック

↓作家・森鷗外《もりおうがい》とは

・ドイツ留学をきっかけに小説を書き始める。

・軍医として国に仕え、権力の側から国家と個人の関係を追求し続けていた。

・代表作「舞姫《まいひめ》」「高瀬舟《たかせぶね》」など。

p.42〜p.43 漢字の広場3／言葉の小窓3

1		2		3		4	5
①尋	④薫	①診	④搾	①耳	④足	①イ	●①・③
②諮		②見	⑤伸	②胸	⑤目	②ア	●②・④
③勧		③絞	⑥延	③手	⑥鼻	③イ	●⑤・⑥

（●は順不同）

解説

1 ①「訪ねる」は訪問する場合に、②「計る」は時間を計測する場合に、④「香る」は具体的な香りがする場合に、それぞれ使う。

3 ①「耳を疑う」で聞いたことが信じられないという意味。②「胸が躍る」で期待でわくわくするという意味。③「喉から手が出る」で欲しくてたまらないという意味。④「足を棒にする」でくたくたになって疲れるまで歩き回るという意味。⑤「目がない」で非常に好きだという意味。⑥「鼻が高い」で誇らしい気持ちになるという意味。

5 ①③自分の専門のことが身に及ぶ場合には、かえって顧みないという意味。②④その道の名人でも失敗することがあるという意味。⑤⑥何の手応えもなく、効きめがないという意味。

最終チェック

正しい意味を覚えよう！

「気のおけない」
○遠慮する必要がない。
×油断ならない。

「他山の石」
○他人のつまらない言動でも、自分を磨く役に立つ。
×他人の言動を見習って、自分を磨いていく。

p.44〜p.45 俳句の味わい／俳句十五句

◇

1	2	3			4	
や	C	A 季語：夏草	季節：夏		①D	②F
		B 季語：渡り鳥	季節：秋		③A	④C
		C 季語：万緑	季節：夏		⑤G	⑥E
		D 季語：螢	季節：夏		⑦B	
		E 季語：種	季節：春			
		F 季語：鯰	季節：夏			
		G 季語：つくつく法師	季節：秋			

解説

1 切れ字の部分に作者の感動の中心があり、句に広がりと奥行きが生まれる。

2 切れ字「や」によって、二句の途中で切れている。

4 ①大きな強い生き物はおおかみ、小さな儚《はかな》い生き物は螢《ほたる》。②泥鰌《どじょう》が浮いてきて「鯰《なまず》も居るよ」と言ってまた沈んでいったというのがユーモラス。③夏草の向こうからベースボールをする楽しそうな声が聞こえてきたという句。④「万緑」の緑と「歯」の白の色彩が対比されている。⑤何度も同じ鳴き方とは「ツクツクボウシ」である。⑥「ひしめける」でエネルギーにあふれている様子を表している。⑦「渡り鳥」ではなく、「われ」が小さくなっていっている。

最終チェック

作者にも注意！

テストでは作者名を問われることも多い。正岡子規《まさおかしき》、高浜虚子《たかはまきょし》などの有名な俳人は俳句とともに名前も覚えておこう。

p.46〜p.47 初恋《はつこひ》

◇

1	2	3	4	5	6	7	8 (1)	8 (2)	9
オ	七五調	ウ	薄紅の秋の実	ウ	例 近づいている	林檎畠の樹の下	ⓐ 君　ⓑ われ	例 （林檎畠の樹の下にできたこの道は、）誰が初めに踏んだ跡なのでしょうね。	イ

解説

◇

3 当時は、少女が年頃になると、前髪を上げて娘らしい髪型に結《ゆ》い変えた。娘の姿になったばかりのういういしい様子を捉える。

5 「花櫛《はなぐし》の花のように、華やかで美しいあなた」の意味。

6 「われ」のためいきが「君」の髪の毛にかかるほど、二人は寄り添っている。

8 二人が何度も通ったことで、林檎《りんご》の木の下に自然に道ができた。その道を「誰が最初に踏み始めたのかしら」と、親しみをこめて尋ねることで、二人の思い出を振り返っている。

最終チェック

詩の形式を確認！

・使う言葉
　｛現代の言葉…口語詩
　｛昔の言葉……文語詩

・音数
　｛きまりなし…自由詩
　｛きまりあり…定型詩
　｛文章のよう…散文詩

p.50〜p.51 故郷／漢字の広場4

1

1 (1)	1 (2)	2	3 Ⅰ	3 Ⅱ	4	5	6
●艶のいい丸顔　●血色のいい、まるまるした手	イ	エ	例 「私」と久しぶりに会えたこと。	例 身分の違いから、「私」と昔のようには親しくできないこと。	ウ	例 身分や境遇の違い	兄弟の仲

2

①	②	③	④	⑤	⑥
オ	エ	カ	ウ	ア	イ

（●は順不同）

解説

1

1 (2)赤く腫れた目や節くれだってひび割れた手には、厳しい労働のあとがうかがえる。服装や持ち物からは、経済的に苦しい暮らしぶりが伝わる。

2 閏土《ルントー》の変わりように長い時間の隔たりを実感し、子どもの頃と同じように話を切り出すことができなかったのだ。

3 Ⅱは、このあとの他人行儀な閏土の態度からわかる。

4 「……らしかった」とある。自分が身震いしたと自覚できないほど衝撃を受けたのだ。

5 昔は「迅《シュン》ちゃん」と呼んでいたのに、「旦那《だんな》様」と呼ばせたものは何かを考える。

最終チェック

登場人物の役割は？

・閏土と楊《ヤン》おばさん
　…変わり果ててしまった故郷を象徴。

・宏児《ホンル》と水生《シュイション》
　…未来への希望を象徴。

p.52～p.53 生命とは何か

1	(1)	時間の流れとともに、絶え間ない消長、交換、変化を繰り返しつつ、それでいて一定の平衡が保たれているもの。
	(2)	例 時間を止めたとき。
2		一回性の現象
3	(1)	例 操作的な介入を吸収しつつ、新たな平衡を生み出そうとすること。
	(2)	例 操作的な介入によって平衡状態が失われてしまった場合。
4	(1)	のり付けされた折り紙細工
	(2)	そこに時間が折りたたまれているから
5		イ
6		ア

解説

1 (1)次の段落の「研究を続けてわかってきたことだが……」と書かれている部分に着目して捉える。

(2)直後の「それは、……」以降で説明されている。

2 生命が再現不可能な一回性の現象であることに価値があると捉える。

3 (1)変化をしつつも平衡が保たれているようなことが書かれている部分を次の段落から探す。

6 ここに至るまでの内容から考える。生命は、不要な操作的な介入により動的平衡状態が失われてしまえば、大きな痛手を受けることになるのである。

最終チェック

⬇生命は時間の流れとともに動的平衡を保っている

・不要な介入により、動的平衡が崩れると、生命の修復は不可能。

p.54～p.55「対話力」とは何か

1			三つ
2			日頃から、～とめる訓練
3	(1)	ⓐ	言葉
		ⓑ	うなずいたり
		ⓒ	あいづち
	(2)		相手を無視～かねません
4			ウ
5			例 互いにさまざまな意見を出し合い、よいところを学び合いつつ、さらによい結論を目ざすこと。

解説

1 「第一には」「第二は」「最後は」の三つの方法が書かれている。

2 直後の文に「訓練」と書かれていることに着目する。

3 (1)直後からの文の内容に着目する。

(2)同じ段落の中ほどの、「相手が語りかけているのになんの返答もしないということは、……」に続く部分で述べられている。

4 同じ段落の終わりのほうの、「相手の意見に、……生み出していく、」という部分に着目して捉える。

5 最終段落の「『対話』の意義は、……」以降に着目してまとめる。

最終チェック

⬇問題文の構成は？

①問題提起

②方法1　③方法2　④方法3

←

文章の最後に結論がある尾括型の文章。

p.58〜p.59 バースデイ・ガール

◇

1	Ⅰ	例願いごとは実際にかなったのか。
	Ⅱ	例その願いごとを選んだことを後悔していないか。
2		エ
3		●例かなった
		●例かなっていない
4		●奥行きのない目
		●ひからびたほほえみ（の影）
5		例それほど満足していない
6		ア

（●は順不同）

解説

◇ **2** 「遠くにあるものを見つめるように」という比喩から、二十歳の誕生日の出来事に思いを巡らせていることがわかる。「彼女」にとってこの出来事は、人生を振り返らせるような、大事な意味をもつものなのだ。

3 「彼女」の願いごとは、人生の終盤にならないと結果がわからない「時間のかかる願いごと」なのである。

5 「（君の人生は）それほど悪くなさそうだ」と言う「僕」にユーモアをこめて反論している。「バンパーのへこみ」は、現在の自分の人生に対する漠然とした不満を象徴している。

6 「僕」の二つ目の質問に対して、〝何を望んでも自分以外にはなれない〟（＝自分の人生は他のものにはならない）と答えている。「彼女」は、後悔しているというよりも、諦めているのである。

最終チェック

この作品の構成は？
過去の回想に現在の場面が繰り返し挿入され、同時進行する。

p.60〜p.61 青春の歌――無名性の光／やわらかな想《おも》い

大問	番号	解答
1	1	●B・C
	2	イ
	3	ネクタイを締めた会社員
	4	ア
2	1	言葉の記号で置き換えることのできない想い
	2	●赤ちゃんの笑い声
		●理由のない涙

（●は順不同）

解説

1 **1** 筆者が「人生の中で大人になった時、……詠《うた》うことはできなくなる」と述べていることから、学生の頃に詠ったB・Cの歌にそれがあると考えられる。

3 「実業に就きたる」とは、社会人になったことを表す。「ネクタイ」が社会人の象徴として使われている。

4 歌と――線④以降の内容に注目する。社会人となった今は会おうと思えば会えるが、学生の頃に感じていた遠さや会えた時の喜びはもう決して戻ってはこないことを捉える。

2 **1** 「やわらかな想《おも》い」は言葉で言い表せない想いである。

2 「流れ出している。」に「。」がついているので、内容がいったんくぎられていることがわかる。それ以降に着目して探す。

最終チェック

青春の歌の主題
・自由だった「あの夏のわれら」は「眩《まぶ》しかった過去」になってしまった。
・短歌の作者はそのことを少し寂しく感じている。

p.62～p.63 素顔同盟

◇

1	2			3	4	5		6
	(1) I	(1) II	(2)			I	II	
仮面	自然	人工物	例対岸との行き来	例笑顔の仮面をつけていたから。	イ	例仮面をつけること	例素顔で感情を自由に表したい	ウ

最終チェック

仮面が象徴していることは?

本心を隠し、個性を消して、周りに合わせて生きる人々の姿。

↓

非現実的な物語設定によって、現実社会の問題をあぶりだしている。

解説

◇

2 ――線②を含む段落では、川の向こう側（＝自然）とこちら側（＝人工物）が対比的に描かれている。両者が「橋のない川」によって隔てられていることからは、往来が禁じられていることがわかる。

4 「僕」は、「寂しい時は寂しい顔を、悲しい時は悲しい顔をした」いと願っていた。これを実践している「彼女」に強くひかれ、人間本来の表情を美しいと感じたのだ。

5 「同じ側」とは、**2**で確認した「自然」側。「彼女」が「向こう岸」を見ていたのはこれを示唆している。「僕」と「彼女」は、〝人工的な仮面をつけるのではなく、自然のままの表情で生きたい〟という思いで共通しているのである。

6 A「彼女」の行動に対する驚き。B同じ思いを抱く人間に初めて出会えた喜び。C自分も同じ思いだと「彼女」に伝えなかったことへの後悔。

p.64 言葉の力

◇

1	2	3
道具	言葉ではああ言ったけれども、本当はそうは思っていない。	ウ

最終チェック

筆者の主張を捉えよう!

言葉は自分そのもの。

↓

言葉を大事にすることは、自分を大事にするということ。

↓

自分の語る一言一句が、自分の人生を確実に創っているのだと自覚しながら語るようにして、生きることが大切。

↓

自分の心の構え一つで、言葉によってどんな人生をも創れる。

解説

◇

1 同じ段落の後半部分、「本当の言葉においてこそ、人は自分と一致する。言葉は道具なんかではない。言葉は、自分そのものなのだ。」から捉える。

2 二つ前の文の内容を言いかえたものであることを捉える。

3 直前で述べられているように、「魔法の杖《つえ》」とは言葉のこと。したがって――線③は、「人は、言葉を使って、どんな人生を創ることもできる」という意味になることから考える。

四字熟語

- □悪戦苦闘《あくせんくとう》　苦しみながら努力すること。
- □暗中模索《あんちゅうもさく》　手がかりのないまま、いろいろとやってみること。
- □異口同音《いくどうおん》　皆《みな》が同じことを言うこと。
- □以心伝心《いしんでんしん》　黙《だま》っていても気持ちが相手に通じること。
- □一日千秋《いちじつせんしゅう》　非常に待ち遠しいこと。
- □一石二鳥《いっせきにちょう》　一つの行為《こうい》から二つの利益を得ること。
- □一朝一夕《いっちょういっせき》　わずかな月日。
- □意味深長《いみしんちょう》　言外に他の意味を含《ふく》むこと。
- □右往左往《うおうさおう》　うろたえ騒《さわ》ぐこと。
- □栄枯盛衰《えいこせいすい》　栄えたり衰《おとろ》えたりすること。
- □我田引水《がでんいんすい》　自分に都合のよいようにすること。
- □勧善懲悪《かんぜんちょうあく》　善をすすめ、悪をこらしめること。
- □危機一髪《ききいっぱつ》　危ない瀬戸際《せとぎわ》。
- □起承転結《きしょうてんけつ》　物事の順序・組み立て。
- □喜怒哀楽《きどあいらく》　さまざまな人間感情の総称《そうしょう》。
- □金科玉条《きんかぎょくじょう》　ぜひとも守らなければならない、大切な法則。
- □空前絶後《くうぜんぜつご》　過去・未来にわたって例のないこと。
- □呉越同舟《ごえつどうしゅう》　敵と味方が一緒《いっしょ》にいること。
- □五里霧中《ごりむちゅう》　どうしてよいか見当のつかないさま。
- □言語道断《ごんごどうだん》　もってのほかのこと。
- □自画自賛《じがじさん》　自分で自分をほめること。
- □四苦八苦《しくはっく》　非常な苦しみ。
- □自業自得《じごうじとく》　自分のした行為の報《むく》いを自分の身に受けること。
- □事実無根《じじつむこん》　事実に基《もと》づいていないこと。
- □質実剛健《しつじつごうけん》　飾《かざ》り気がなく、真面目でたくましいこと。
- □四面楚歌《しめんそか》　助けがなく、周りが敵や反対者ばかりであること。
- □弱肉強食《じゃくにくきょうしょく》　強者が弱者を征服《せいふく》して栄えること。
- □縦横無尽《じゅうおうむじん》　思うままに振《ふ》る舞《ま》うこと。
- □取捨選択《しゅしゃせんたく》　よいものを取り、悪いものを捨てること。
- □枝葉末節《しようまっせつ》　主要でない細かいことがら。
- □支離滅裂《しりめつれつ》　ばらばらで筋道の立たないさま。
- □心機一転《しんきいってん》　何かをきっかけとして気持ちが変わること。
- □針小棒大《しんしょうぼうだい》　小さなことを大げさに言うこと。
- □責任転嫁《せきにんてんか》　責任を他になすりつけること。
- □絶体絶命《ぜったいぜつめい》　追いつめられて、どうにもならないこと。
- □千差万別《せんさばんべつ》　それぞれに違《ちが》っていること。
- □前代未聞《ぜんだいみもん》　今まで聞いたことがないこと。
- □千変万化《せんぺんばんか》　さまざまに変化すること。
- □大器晩成《たいきばんせい》　大人物は遅《おく》れて大成すること。
- □泰然自若《たいぜんじじゃく》　落ち着いて物事に動じないさま。
- □大同小異《だいどうしょうい》　それほど大きな違いがないこと。
- □単刀直入《たんとうちょくにゅう》　ずばりと重要な点を突《つ》くこと。
- □朝令暮改《ちょうれいぼかい》　命令・法令がたえず変わること。
- □適材適所《てきざいてきしょ》　能力に合う地位や仕事を与《あた》えること。
- □徹頭徹尾《てっとうてつび》　初めから終わりまで変わらないさま。
- □東奔西走《とうほんせいそう》　あちこち駆《か》け回ること。
- □日進月歩《にっしんげっぽ》　絶え間なくどんどん進歩すること。
- □馬耳東風《ばじとうふう》　人の意見や批評などを聞き流すこと。
- □半信半疑《はんしんはんぎ》　半ば信じ、半ば疑うこと。
- □不言実行《ふげんじっこう》　あれこれ言わず黙って実行すること。
- □付和雷同《ふわらいどう》　訳もなく他人の説に同意すること。
- □傍若無人《ぼうじゃくぶじん》　人に構わず勝手に振る舞うこと。
- □無我夢中《むがむちゅう》　あることに心を奪《うば》われて、我《われ》を忘れること。
- □無味乾燥《むみかんそう》　内容に少しもおもしろみがないこと。
- □優柔不断《ゆうじゅうふだん》　ぐずぐずして決断力に乏《とぼ》しいこと。
- □有名無実《ゆうめいむじつ》　名ばかりで実質を伴《ともな》わないこと。
- □用意周到《よういしゅうとう》　準備が十分に行き届いていること。
- □竜頭蛇尾《りゅうとうだび》　初めは盛《さか》んで終わりが振るわないこと。

6 5 4 3 2
D C B A